Pourquoi Tokyo ?

AU DIABLE VAUVERT

Agathe Parmentier

Pourquoi Tokyo ?

Journal d'une aspirante Nipponne

Du même auteur

Contre-culture confiture, fragments d'une fille classée Y, FYP, 2013

ISBN : 979-10-307-0028-2

Au diable vauvert
www.audiable.com
La Laune 30600 Vauvert

Catalogue sur demande
contact@audiable.com

Sommaire

Introduction

Je suis Agathe. Donc je suis Agatsu[1]. Donc je suis 安月. Donc je suis Lune de Pacotille. Je suis Française, j'ai trente et un ans, je suis célibataire donc je suis une *kurisumasukēki* et une *make-inu.* Mais je le vis bien. J'habite à Tokyo. Je tiens un blog, j'enseigne le français et j'étudie le japonais. J'adore le Japon mais je parle à peine le japonais. C'est un peu frustrant mais quand j'écris en japonais, on dirait que j'ai

1. Dans la langue japonaise, certains de nos sons ne sont pas traduisibles. C'est le cas des mots se terminant sur une consonne sonore (David deviendra *Davido*) et des mots se terminant par le son [e]. Ainsi, à la japonaise, Agathe devient *Agatsu.*

cinq ans donc c'est aussi un peu amusant. Je ne cuisine pas du tout mais j'adore la nourriture japonaise. Je mange du *nattō* et de l'*umeboshi.* Mon sushi préféré c'est l'*engawa.* J'adore aussi l'*okonomiyaki* au poulpe et les *yakiimo.* J'aime le son du *sanshin.* J'aime les films japonais bizarres et les livres japonais bizarres. Une fois, au karaoké, j'ai chanté le refrain d'une chanson d'AKB48, mais je n'aime pas trop AKB48.

Ravie de faire votre connaissance !

Trois mois à Tokyo : état des lieux

Dimanche 1er juin 2014

Je ne vais pas me vanter d'une passion historique pour le Japon. Je ne me suis jamais intéressée aux mangas et je ne connais rien aux haïkus. Comme tout le monde, j'aime beaucoup les sushis mais les amateurs de pizza ressentent-ils le besoin d'aller vivre en Italie ? Aujourd'hui, ça fait trois mois que je suis à Tokyo. Et je viens de laisser partir l'avion qui devait me ramener en France.

C'est un fait : j'ai longtemps rêvé d'investir dans le micro jardin zen de chez Nature &

Découvertes et l'été de mes quatorze ans, je m'étais offert une paire de boucles d'oreille en forme d'idéogrammes. Le premier était supposé signifier *paix;* le second, je vous le donne en mille, *amour.* Ayant ignoré les messages de mon subconscient, ma rencontre avec le Japon ne s'est faite qu'une fois l'adolescence digérée, fin 2012.

Après une année en Australie, je venais de passer quelques jours en Thaïlande où l'extrême pauvreté et les vieux Occidentaux libidineux flambant leur RSA m'avaient laissé un goût amer. À Tokyo, en parallèle du choc thermique, je me heurtais dix jours durant à cette *charmante obséquiosité*[2]. Balançant entre une sensation de proximité et de dépaysement, j'ai ressenti le besoin de revenir pour comprendre, au moins essayer.

En préparant ce retour, d'autres justifications sont apparues : il fallait que je confronte ma nonchalance au légendaire souci du détail nippon. Peut-être aussi, avais-je envie de profiter du pays avant qu'il ne devienne impraticable à la suite d'une nouvelle catastrophe

2. En empruntant les mots de la journaliste Karyn Poupée dans *Les Japonais* (2012), Paris, Éditions Tallandier, p. 157.

plus ou moins naturelle. Et puis, depuis mon retour en France, je n'étais plus parvenue à apprécier ma vie parisienne[3]. C'est peut-être pour ça qu'à peine débarquée – et alors que je m'étais jusque-là appliquée à me convaincre du contraire – j'ai su que je voulais rester.

Je suis donc revenue en ce début mars. La fin de l'hiver était froide et alors que le Tout-Paris se baladait en t-shirt et jasait sur les pics de pollution, moi j'ai gardé mon manteau en me demandant ce qui était pire : inhaler les particules fines parisiennes ou manger les *onigiri*[4] vendus dans les *konbini*[5] tokyoïtes

---

3. Témoignage du 5 juin 2013 écrit sous le pseudonyme d'Odile Deray, « Il est peut-être temps de renoncer à mon CDI-coquille vide », dans Témoignage, *Rue89* [En ligne], http://rue89.nouvelobs.com/2013/06/05/est-peut-etre-temps-renoncer-a-cdi-coquille-vide-243001.

4. L'*onigiri* (おにぎり) est l'un des en-cas les plus populaires au Japon. À base de riz fourré, il est généralement modelé à la forme d'un triangle et entouré d'une feuille d'algue *nori*.

5. Le *konbini* (コンビニ, abréviation de l'anglais *convenience store*) est l'épicerie de quartier améliorée. Il est généralement ouvert 24h/24, on y trouve des produits de consommation courante (alimentation, hygiène et beauté, magazines, etc.). Ces magasins proposent également de nombreux services (photocopie, paiement de factures, réservation de place de spectacle, etc.).

(dont le riz est supposé provenir de la région de Fukushima).

Mais comme tout le monde vit comme si de rien n'était, je suis tentée de suivre le mouvement. L'angoisse s'estompe. J'envisage, à la rigueur, d'acheter un casque en plastique en prévision du prochain *big one*. Il faut donc que je m'arrange avec l'incohérence de refuser de fumer (alors qu'on peut fumer à peu près partout, restaurants inclus) tout en acceptant l'hypothèse d'ingérer des produits irradiés. Je repense à *la dose* évoquée dans *Grand Central*[6] et je dois avouer que je n'ai pas la moindre idée de mon degré d'exposition et de ses conséquences éventuelles. En attendant, je bois tous les soirs ma préparation au collagène afin de préserver la jeunesse et l'élasticité de ma peau. Et puis, contrebalançant le risque latent de cataclysme, il y a cet intense sentiment de sécurité. En tant que femme, c'est inédit et terriblement libérateur. Pour réserver sa table au café, il suffit d'y déposer son iPhone ou n'importe quel objet de valeur.

En ce qui concerne mon intégration, même si j'ai ouvert un compte en banque, que je suis

6. Long métrage coécrit et réalisé par Rebecca Zlotowski, Les Films Velvet, France, 2013.

titulaire d'un abonnement téléphonique, d'une carte d'assurance maladie et que je pratique tous les jours au supermarché les trois phrases que je maîtrise, je n'ai tissé que peu de liens, la plupart avec des expatriés. Heureusement, il y a les *izakaya*,[7] où il n'est pas rare de finir par papoter avec des *salarymen* éméchés – devenus très bruyants – ravis de raconter leur vie et de vous conter fleurette.

Reste que mes ambitions linguistiques étaient insuffisantes. Je pensais pouvoir me contenter d'apprendre à lire les deux syllabaires. De fait, il m'est impossible de lire autre chose que certains mots étrangers (en katakana) et les mots de liaison (en hiragana[8]). J'essaye de recourir au minimum à l'anglais mais en n'ayant comme outils que quelques mots et expressions, la tâche est complexe. Par chance, j'ai appris que chaque

7. L'*izakaya* est l'équivalent local du bistrot. Repaire des employés de bureau, *salarymen* et *office ladies*, les boissons y sont accompagnées de plats traditionnels à partager entre convives.

8. Les kanas, hiraganas et katakanas, sont les deux syllabaires japonais. Les premiers sont utilisés pour transcrire les mots et morphèmes auxquels ne correspond aucun kanji (les idéogrammes empruntés à la langue chinoise), tandis que les seconds servent à retranscrire les noms d'origine étrangère et les onomatopées.

arrondissement de la capitale propose gratuitement à ses résidents des cours de japonais. J'ai débuté il y a près d'un mois, deux matinées par semaine. Il m'est difficile d'évaluer si je progresse mais jusque-là ce que j'apprends me paraît logique et je retiens de nouveaux mots. J'espère gagner en aisance et approfondir mes échanges avec les locaux non anglophones. Même si prendre la mesure de la foule d'informations saisissables sans parler la langue locale est une expérience aussi intrigante que précieuse.

Sur le plan professionnel, j'ai commencé à donner des cours de français au bout de deux semaines. Les Japonais adorent la France. Le problème est que leur passion se borne souvent à la maroquinerie et aux macarons. Pour le moment, je n'ai donc que quelques élèves. C'est insuffisant pour vivre mais ça me donne au moins un petit goût de socialisation. En parallèle, j'ai intégré un café de langues dans lequel, de mon *broken English,* j'encourage la clientèle à pratiquer son *broken English.* L'exercice est d'autant plus intéressant que ces dernières années, mon aptitude à faire la conversation s'est grippée. Est arrivé un moment où je n'ai plus eu envie de me forcer et… je ne me suis plus beaucoup forcée.

Jusque-là, mon mode de vie est précaire. C'est un choix, et c'est parfois frustrant. C'est aussi motivant dans la mesure où ma situation s'améliore lentement. Et puis, contrairement aux idées reçues, il est tout à fait possible de vivre à Tokyo avec un budget minime.

Suis-je en mesure de voir les côtés négatifs du pays ? Je peux en constater certains. En France, il est impossible de passer à côté des reportages sur la misère sexuelle mais aussi – et surtout ? – relationnelle des Japonais. Parce que je m'attendais à la voir, la solitude nipponne m'a immédiatement frappée. Au restaurant d'abord, où les clients s'assiéront en priorité au comptoir avant d'investir les tables en cas d'affluence. Peut-être est-ce pour éviter de donner trop de travail à la personne chargée du service. Peut-être.

J'avais été marquée par les mots de l'hôtesse d'un *bar à câlins* du quartier d'Akihabara qui, dans un reportage pour Vice[9], évoquait de sa voix trop aiguë son envie de tuer les couples qui manifestaient leur affection en public.

9. Documentaire « L'industrie de l'amour au Japon », dans « SERIES » THE VICE GUIDE TO TRAVEL, *Vice*, [En ligne], http://www.vice.com/fr/video/the-japanese-love-industry.

Représente-t-elle les jeunes femmes de sa génération ? Probablement pas. Mais son impassibilité à l'évocation de ses prétendues pulsions meurtrières ne pouvait laisser insensible.

Quand il s'agit de chercher des antagonismes entre le Japon et l'Occident, les médias grand public excellent. Et je ne risque pas grand-chose en affirmant que la Japonaise est objet de fantasmes. L'un des premiers clichés véhiculés à son sujet voudrait qu'elle soit immanquablement à la recherche d'un Occidental qui la traitera comme une princesse. Jusqu'à présent, mes relations avec la gent féminine se sont limitées à des échanges de politesse. Difficile sur cette base de parler en leur nom. Le seul indice qui pourrait participer à valider le cliché, c'est le fait que la grande majorité des personnes m'ayant contactée pour des cours de français sont des hommes (dans une proportion de 12 contre 2).

Si je devais résumer les choses, le principal problème du pays, c'est sa tendance à l'infantilisation. Le Nippon vit sur des rails. Partout, on lui indique où marcher et comment se comporter (tenir sa gauche, ne pas téléphoner dans le métro, ne pas danser dans les bars, etc.). Il est en parallèle la cible de mille sollicitations l'incitant à se divertir ou à consommer. *Du pain, du vin*… et surtout, ne pas trop réfléchir. Mon principal problème, *à moi*, c'est ma tendance à me laisser prendre dans le processus. Tokyo refait de moi une enfant. Le symbole de ma perdition est une figurine de phoque déguisé en tortue. Elle trône sur mon étagère et me rappelle qu'un jour, j'ai ressenti le besoin de la posséder.

Finalement, si je me plains beaucoup et que je ne suis pas encore habituée à partager le trottoir avec les vélos, ma vie tokyoïte est plutôt parfaite. Parce que l'exotisme rend tout plus intense, la ville m'a sortie de ma léthargie. Et si je préférerais être entourée de ceux que j'aime, je ne ressens pas le mal du pays. Au cas où je flancherais, je pourrais chercher du réconfort dans les paroles de Zaz que mon élève Wataru souhaite étudier (« Offrez-moi la tour Eiffel, j'en ferais quoi ? ») … après avoir écouté du Corneille au supermarché et *Dieu m'a donné la foi* au *100-yen shop*[10]…

10. Le *100-yen shop* (百円ショップ, *hyaku-en shoppu*) est un magasin dont les produits sont vendus au prix unique de 100 yens (soit environ 0,75 euro) auxquels s'ajoutent quelques yens de taxes.

Tokyo la nuit, douze heures dans un cybercafé[11]

Il est difficile de rester de marbre face à la frénésie technologique ambiante. Le quartier d'Akihabara est la Mecque de l'amoureux de chanteuses-hologrammes et d'*anime*[12], et par extension de tout geek déconnecté/

11. Cet article est d'abord paru signé sous le pseudonyme d'Ismène de Beauvoir sur le site de Gonzaï le 21 janvier 2013, [en ligne], http://gonzai.com/tokyo-la-nuit-12-heures-dans-un-cybercafe-tokyoite/

12. L'*anime* (de l'anglais *animation*, devenu *animēshon* (アニメーション) en japonais) est le nom désignant les dessins animés nippons.

surconnecté. C'est là que j'ai décidé de passer une nuit dans une box-internet.

Le geek nippon se nomme *otaku*[13]. On le croise dans les *game centers* où il exerce sa dextérité sur des jeux d'arcade avant de tenter de gagner une figurine d'écolière à gros seins et petite culotte sur une machine à pince. Quand il a gagné trop de peluches, il en apporte quelques-unes en offrande à l'une des serveuses-soubrettes du @Home Café qui, contre quelques centaines de yens supplémentaires, l'appellera *maître* pendant qu'ils joueront à Hippos Gloutons.

Parce que ici le concept de vie sociale est en cours de reconfiguration, l'offre des pourvoyeurs de *vie-rtualité* l'est aussi. Pour 3 580 yens, un peu plus de 26 euros, on peut profiter pendant douze heures d'un espace dont la superficie équivaut à celle d'un tatami (1,6562 m^2), fumeur ou non. À l'intérieur : ordinateur, lecteur DVD, casque et recoin où

13. *Otaku* (おたく en hiragana) signifie *votre maison.* La passion de l'*otaku* (qu'elle soit pour un manga, un groupe de J-pop, un jeu vidéo ou autre) l'amène à passer son temps libre à Akihabara ou dans le complexe Nagano Broadway du quartier du même nom, voire à rester cloîtré chez lui.

s'allonger – plus ou moins confortablement selon que l'on mesure plus ou moins de 1,50 m.

Travailleur acharné, le Tokyoïte y termine sa nuit après avoir raté le dernier métro parce que l'option taxi reviendrait trop cher et que l'alternative de finir la soirée seul au karaoké serait la démonstration un peu trop éclatante du vide de sa vie sociale.

À mes yeux, cette option est aussi séduisante que celle du *love hotel*. Mais pour l'étrangère que je suis, l'expérience est plus difficile que prévu. Comme souvent à Tokyo, l'anglais est sommaire et ma tentative de réserver la nuit m'a conduit à devoir dessiner sur un bloc-notes une lune et des étoiles pour apprendre au final que ce n'était pas possible. Le soir venu, mon co-testeur et moi expédions le dîner afin d'être sûrs d'avoir droit à notre nuit en tête à tête avec internet.

Le *café* est ce qu'il faut pittoresque : décoration traditionnelle, personnel en kimono et rivière factice à l'entrée. Autour de nous, une trentaine de compartiments fermés par des rideaux, des murs de mangas souvent pornographiques (on trouvera des boîtes de mouchoirs dans chaque espace) et deux douches. Différents produits

Shiseido sont à disposition aux toilettes et une dizaine de boissons non alcoolisées en libre-service. Enfin, pour quelques centaines de yens, bière et repas sont servis dans notre box. Le charme opère.

Pourtant après les premières heures passées à tenter de faire passer Windows dans une langue que je comprends (sans succès), à boire des litres de thé vert et à faire le tour des réseaux sociaux (quinze minutes), l'enthousiasme laisse place à une certaine anxiété devant ces heures d'oisiveté et l'impératif de divertissement. L'ennui me pousse à dormir, le confort relatif me contraint à renoncer.

Il est 1 heure du matin et la nuit continue péniblement de débuter. Le ronflement de l'un de mes voisins s'harmonise avec celui de l'air conditionné qui, associé à la fumée de cigarette, finit d'assécher ma gorge. En dehors de ça, l'endroit reste étonnamment silencieux. Après être parvenue à passer à un système d'écriture que je maîtrise, je réponds à quelques mails, puis après avoir longuement examiné et réorganisé le contenu de mon sac, commence mon compte-rendu.

À 3 heures, je comprends que dans le cadre de mon récit, il est temps de découvrir une nouvelle boisson. Afin de parfaire mon immersion, j'opte pour le *matcha*[14] au lait dont le nom est écrit en français. Remettant en question mes idées reçues sur la population du lieu, une jeune fille gracieuse se glisse à l'intérieur d'un compartiment, une pile de mangas sous le bras. J'emprunte un magazine consacré à la création de poupées. Émaillé de figurines au regard vague mises en scène comme des mannequins de chair, le contenu devient au fil des pages plus déroutant. Le *matcha* se révèle, lui, un excellent choix.

4:00, les bruits de clavier reprennent, les ronflements continuent.

4:20, et si je dormais un peu ?

5:04, prise de conscience : internet m'ennuie (et je n'arrive toujours pas à dormir).

Finalement, je m'endors à 7 heures et suis réveillée une heure plus tard par l'un des membres du personnel qui nous invite avec mille courbettes et trois mots d'anglais à quitter les lieux. Pas certaine de savoir ce que je peux tirer de ces quelques heures dans la peau d'un

14. Le *matcha* (抹茶) est un thé vert présenté sous la forme d'une poudre très fine vert pomme. Il est utilisé lors de la cérémonie de thé et parfume de nombreuses confiseries traditionnelles.

nolife nippon, il me semble tout de même avoir touché du doigt le concept de perte de temps maximisée.

Don Quijote, shopping miracle et coussin-étron

Mardi 17 juin 2014

Lieu de perdition par excellence, je dois placer Don Quijote – Donki pour les intimes –, au sommet des éléments emblématiques du Japon. J'ai bien conscience qu'élever un magasin au rang de symbole d'un pays, c'est véhiculer l'idée que je n'ai rien compris à la vie. Parce que oui, je pourrais passer mes journées à m'initier à la calligraphie et à l'*ikebana*[15] mais

15. L'*ikebana* (生け花) consiste, en français, à *faire vivre les fleurs*. Plus prosaïquement, il s'agit de l'art de la composition florale.

au lieu de ça, je préfère perdre mon temps dans un supermarché discount qui a pris pour icône un pingouin bleu obèse, coiffé d'un bonnet de Père Noël. *Shikata ga nai*[16], mon ami(e).

Selon le site de l'enseigne, son modèle économique repose sur trois axes : praticité, promotion et... divertissement. Dans ce pays, tout ce qui n'est pas travail se doit d'être divertissant. *Miracle Shopping*, le sautillant thème diffusé en boucle au sein des 160 établissements du groupe – et dont le *Don, don, don, donqui, donqui... joteeehhhh* se grave sournoisement dans le cerveau – prêche la bonne parole.

C'est comme une chasse au trésor... Premier arrivé, premier servi... Même en pleine nuit... Une jungle de bonnes affaires...

Son interprète, une certaine Maimi Tanaka, nous explique ça avec un tel entrain qu'il est difficile de ne pas la croire. Elle est présentée sur la page Wikipédia de l'entreprise comme l'une de ses employés. J'ai eu beau chercher d'autres informations, cette brave Mademoiselle Tanaka pourrait aussi bien être décédée – mais alors, j'aurais peut-être trouvé plus d'éléments. En

16. 仕方がない, en français : *On ne peut rien y faire.*

attendant, l'anecdote participe à la popularité de la chaîne. Et c'est vrai que parfois, en pleine nuit, on ressent le besoin d'aller essayer cette élégante coiffe en forme d'*onigiri* ou de découvrir le coussin en forme d'étron que notre ami(e) a vu la veille au troisième étage. Parce que non, ce genre de choses n'attend pas.

Avec un petit côté Babou en plus improbable, Don Quijote me rappelle le Perthus. Et j'imagine qu'il est possible de remplacer le Perthus par n'importe quelle ville frontalière dont les magasins débordent de produits détaxés supposément exotiques et généralement de mauvais goût. Enfant, j'adorais passer la journée au Perthus. C'est là que j'ai réclamé à ma grand-mère ce ravissant petit ensemble veste/minijupe en skaï. En vain. Et si j'ignore d'où me vient cette passion enfantine pour le putassier, une association d'idées en amenant une autre, je crois pouvoir dire que Donki est un magasin vulgaire-sympa, chargé de ce parfum d'alcools bradés, de nourriture trop grasse et de mignons complets en skaï taille 6 ans.

J'aime passer tôt le matin devant le magasin du quartier d'Asakusa et observer les employés retirer les bâches des sept gigantesques aquariums qui encadrent l'entrée. J'aime aussi passer de longues minutes à regarder le fugu[17] du bocal principal parce que *je sais* qu'il me reconnaît et que, quand il est de bonne humeur, il vient me dire bonjour. Fugu avec sa tête large est le seul à avoir la place pour un vrai cerveau et c'est, avec son regard mélancolique, ce qui me plaît chez lui.

Entre alimentaire ennuyeux et produits d'hygiène dont la clientèle n'a pas su quoi faire, l'entrée se veut hall des bonnes affaires. On s'y imprègne des couleurs criardes et de l'agencement foutraque emblématiques du lieu. Consacré à l'alimentation, le reste du niveau est grossièrement divisé en trois parties : snacks salés (poissons et céphalopodes séchés), snacks sucrés, snacks sucrés à base de *matcha*. En cherchant bien, là-bas au fond, on trouvera

17. Parce qu'il se gonfle quand il se sent menacé, le fugu (河豚) est aussi appelé poisson-globe. Sa chair est considérée comme un mets extrêmement délicat qui, mal préparé, peut être mortel. Cela précisé, sachez que le quartier d'Asakusa, la chaîne de magasins Don Quijote et moi-même avons la douleur de vous informer du décès de Fugu quelque part entre décembre 2014 et début février 2015. Il a depuis été remplacé par son jumeau, mais je ne suis pas dupe : le nouveau est moins léthargique et il a un problème à l'œil gauche.

aussi quelques légumes et yaourts. Ça déborde et ça manque de logique mais c'est normal parce que comme l'explique Maimi, c'est une *jungle de bonnes affaires* – et dans une *jungle de bonnes affaires,* trouver directement le produit que l'on cherche serait un non-sens.

L'étage du dessus invite à observer les adolescentes qui se remaquillent. Les gens qui appliquent sur leur visage les cosmétiques d'exposition me fascinent. Erreur classique de l'âge ingrat. J'imaginais naïvement que les Japonais avaient un plus grand souci de l'hygiène que, disons, les Français. Je devrais les arrêter mais je n'en fais rien ; je les contemple. Au même niveau, il ne faut pas manquer les produits de la marque Unicharm qui propose des serviettes hygiéniques emballage « cochon-ailé-couronné » pour vous, Mesdames. Difficile de ne pas s'interroger sur ce qui s'est passé dans la tête des personnes chargées du packaging mais je suis séduite. Et parce qu'une bonne idée ne vient jamais seule, la marque décline son offre pour votre chihuahua. Lui a plus de chance, il a des étoiles dessinées sur sa couche.

Plus haut encore, au même étage que le coussin-caca, pourquoi ne pas se laisser tenter par un sac Chanel ? Un coup d'œil distrait laisserait penser que les produits ont été importés de la porte de Clignancourt mais les antivols et les prix indiquent, eux, que ces jolies choses sont bien authentiques. D'étranges mannequins en plastique simplement vêtus d'un tablier de cuisine promeuvent les parfums Fendi tandis qu'un vilain poney en peluche, étiquette encore attachée à l'oreille, et des fleurs en plastique fané incitent à l'achat d'un portefeuille Hermès à 1 500 euros. Chères enseignes parisiennes, sachez-le, le merchandising est entré dans une nouvelle ère et la notion d'extravagance vient d'être redéfinie.

Et en matière de vulgarité, Don Quijote a *plus d'une corde à son sac*. Le magasin intègre son propre sex-shop correctement achalandé en produits plus ou moins glauques (mention spéciale pour les vagins factices taille fillette). Néanmoins, au moment de passer en caisse avec des préservatifs ou des serviettes hygiéniques cochon-ailé-couronné, le caissier, d'habitude prompt à commenter à haute voix chacune de ses actions sur le modèle du *je scanne ça et ça coûte tant*, restera silencieux. Et de manière à ne pas contaminer le reste des achats, il glissera discrètement le produit à part dans un sachet en papier opaque. C'est aussi ça le *miracle shopping*.

Une heure à Akihabara avec un NEET de location

Samedi 21 juin 2014

Yōsuke Naka a vingt-cinq ans. Il porte un costume de *salaryman* sans avoir jamais intégré le monde de l'entreprise et, posté devant la gare d'Akihabara depuis le début du mois de juin, tente d'attirer le passant avec une pancarte le présentant comme un NEET de location.

NEET est un acronyme anglo-saxon qui signifie non-étudiant, non-employé et non-stagiaire (*Not in Education, Employment, or Training*). Il est utilisé au sein des administrations du

Royaume-Uni et de certains pays asiatiques tels que le Japon où il est le titre officiel de ceux qui, âgés de 15 à 34 ans, sont sans emploi, célibataires et non inscrits dans un établissement scolaire. Parce qu'ils n'ont pas vocation à travailler, les NEET ne sont pas non plus en recherche d'emploi ou d'une formation quelconque.

Le phénomène n'est pas récent et fin 2010, feu la rédaction du site OWNI avait traduit un billet du bloggueur Sayuri Tamaki, évoquant *la révolution tranquille des NEET*[18] participant à leur façon, et à leur échelle, à remettre en question la valeur travail et le souci d'intégration, fondateurs de la société nipponne. Pourtant, au Japon, si révolution il y a, il est peu probable qu'elle soit fracassante. Et le fait est que quatre ans après la parution de l'article, l'initiative de Yōsuke prête encore à sourire. Une révolution *tranquille*, on vous a dit.

Comme le montre *Recruit Rhapsody*, le dessin animé réalisé par Maho Yoshida, étudiante à l'université des Arts de Tokyo, la plupart des

18. Propos repris par Tomomi Sasaki, trad. Gael Brassac, Japon : la révolution tranquille des NEET, 18 décembre 2010, *owni.fr*, [En ligne], http://owni.fr/2010/12/18/japon-la-revolution-tranquille-des-neet/

jeunes diplômés se voient contraints de se conformer à un modèle rigide pour obtenir un premier emploi au sein d'une entreprise qui sera souvent celle où ils poursuivront leur carrière. Et s'ils sont de plus en plus nombreux à partir à l'étranger pendant ou à l'issue de leurs études, la chose reste peu répandue. L'enjeu est donc important – sans doute trop – pour des jeunes gens qui seraient en droit de ne pas avoir de certitude quant à leur avenir.

Entrepreneur d'un nouveau genre, Yōsuke Naka offre d'arpenter Akihabara avec ses clients au tarif de 1 000 yens de l'heure, soit l'équivalent de 7,20 euros (le même tarif horaire que l'animation de conversation en anglais qui me permet de payer mon loyer). Son parti pris me touche d'autant qu'il y a peu, j'expliquais à une amie qu'il m'était difficile d'envisager de retrouver ma vie parisienne alors qu'à Tokyo, la bohème que j'ai choisie est justifiable. Ma méconnaissance de la langue ne me permet pas d'espérer mieux que des rentrées d'argent chaotiques. Ma précarité ne remet en cause le mode de vie de personne et ma nonchalance ne heurte personne. Mon statut devient acceptable parce que justifié par un choix apparemment courageux.

J'avais aussi envie de parler de ce phénomène de quasi-prostitution qui se développe au travers des cafés à câlins, *maid café* (eux aussi nés à Akihabara) et autres agences de location d'amis par lesquels les personnes vendent non pas du sexe mais des simili-sentiments. Et puis louer *quelqu'un,* c'est excitant parce que – mon éducation me l'a appris – c'est *mal.*

Je contacte Yōsuke via son compte Twitter. Par chance, il semble parler anglais, ce qui n'a rien d'évident même parmi les Nippons de sa génération. Nous échangeons quelques messages, son ton reste formel voire, oui : professionnel. Il m'apprend qu'il sera à Akihabara le lendemain après-midi mais qu'il est *réservé* jusqu'à 17 heures. Soit. Rendez-vous est pris le lendemain à 17 heures.

Je le trouve au lieu de rendez-vous, entouré de quatre amis et de son dernier client, un quadragénaire corpulent tout sourire, vêtu d'orange. Yōsuke est fluet et les cheveux raides qui encadrent son visage achèvent de lui donner l'air d'un enfant. Même s'il ne porte pas de cravate, le contraste entre le sérieux de ses habits et son allure juvénile est frappant. Si l'on ajoute l'œuf Pokémon accroché à sa ceinture et son brassard NEET, on a une idée de ce que serait la version Akihabara du *Cool Biz*[19].

Je me présente et découvre que Yōsuke ne parle pas anglais. Ses amis qui, eux non plus, ne parlent pas vraiment anglais resteront avec nous : soutien psychologique (pour lui) et traduction approximative (pour moi). À défaut d'avoir trouvé un café abordable susceptible de nous accueillir tous, nous nous retrouvons à réaliser l'interview dans la rue. Bohème, quand tu nous tiens.

J'apprends que Yōsuke a fait des études de mécanique poursuivies deux ans après les quatre prévus par le cursus traditionnel, deux années mises à profit pour réaliser une reproduction de Z'Gok. Z'Gok est un robot appartenant à l'*anime* de science-fiction *mecha*[20] Gundam. Comme je ne connais pas l'individu, il me montre une photo. Bien que doté d'une

19. Le *Cool Biz* (クール・ビズ, kurubizu) est une mesure gouvernementale incitant les *salarymen* à se vêtir de manière plus informelle durant l'été (sans veste ni cravate) afin de limiter l'usage des climatiseurs dans les entreprises et ainsi réduire leur consommation énergétique.
20. Sous-genre de la science-fiction, la *mecha* a comme particularité de mettre en scène des robots humanoïdes dont l'activité principale est, la plupart du temps, de combattre d'autres robots humanoïdes.

physionomie intéressante, Z'Gok n'inspire pas confiance.

L'année dernière, le jeune Naka-*san* avait déjà tenté l'expérience dans la rue en tenant une pancarte qui disait : *un travail, s'il vous plaît.* Sans succès. Au lieu de se résigner et parce qu'un de ses grands regrets est de ne pas être en mesure de produire quoi que ce soit, il a déduit de cette expérience qu'elle manquait de performance. Il a donc conçu une mise en scène – minimaliste – et une offre de services qu'il détaille sur son blog.

Ses clients sont assez jeunes, hommes et femmes dans une proportion égale, parmi eux beaucoup de *salarymen* et d'*otaku*. La plupart prennent contact avec lui via internet, après avoir lu un article à son sujet. Ensemble, ils discutent de choses et d'autres, Yōsuke joue le guide touristique du quartier et parfois de Saitama, où il habite. Il présente aussi la NEET corporation créée fin 2013 par un certain Yujun Wakashin. Entrepreneur malin, poète ou gourou, je ne suis pas en mesure de savoir. Le fait est que la *NEET corporation* compte aujourd'hui 160 membres et que Yōsuke prévoit de s'investir dans l'enrôlement de nouvelles recrues – et la NEET corporation ne le payera pas pour ça.

Ses revenus restent insuffisants pour vivre mais comme il habite chez ses parents, ils ne constituent que de l'argent de poche. Et comme les médias parlent un peu de lui, sa mère se contente de montrer timidement son inquiétude. Il n'évoque jamais le sujet avec son père.

Aucun de ses clients ne lui a proposé d'emploi mais une fois, l'un d'entre eux l'a invité dans un buffet à volonté super-cher. C'est sa plus belle expérience. Sa pire ? Il s'est fait draguer par un garçon et à voir sa tête et celle de ses copains, il n'a pas du tout, du tout aimé. Bon... Il est 18 heures, il commence à tomber quelques gouttes et notre traducteur semble exténué. Consciente que je ne tirerai pas grand-chose de plus de notre échange, je remercie tout ce petit monde de mille courbettes, donne mes 1 000 yens à Yōsuke et prends congé.

Alors que certains y verront une critique aigre-douce du système, le fait de se présenter comme un non-professionnel professionnel a soulevé beaucoup de critiques parmi les lecteurs des quelques articles qui lui ont été consacrés. Ces derniers diagnostiquent une paresse et un ego démesuré qui empêcheraient le jeune homme de se satisfaire d'un boulot non gratifiant. Je parierais plutôt sur une tentative d'échapper à un marché de l'emploi qui tend à scléroser ses membres, qu'ils soient encore en recherche ou déjà actifs.

Finalement, ces NEET ne sont pas tant dans la critique que l'on aurait envie de le croire. En ayant vendu ses reproductions de figurines sur des sites d'enchères ou en proposant aujourd'hui son expertise en matière de cartes à collectionner, Yōsuke garde l'objectif de parvenir à conjuguer passion et gagne-pain. Ce n'est pas le premier à tenter l'expérience – j'ai ouï-dire que certains y parviennent – et je souhaite qu'il y en ait encore beaucoup après lui.

In the mood for (love hotel)[21]

Vendredi 27 juin 2014

Lors de mon premier passage à Tokyo, j'ai mangé des sushis, photographié la foule traversant le passage piéton de Shibuya et j'ai ri des voix haut-perchées que prennent certaines Japonaises dans le but de paraître *kawaii* mais je suis passée à côté des *rabu hoteru.* À défaut, – et j'aurais dû comprendre à ce moment-là que mon couple battait de l'aile –, j'avais passé la nuit au cybercafé.

21. Cet article est d'abord paru sur le site de Gonzaï le 21 juin 2014, [En ligne], http ://gonzai.com/les-love-hotels-de-tokyo-in-the-mood-for-love-hotel/

Pour être honnête, je pensais que la fréquentation de ce type d'établissements se limitait aux couples illégitimes, aux prostituées et aux époux fatigués pour qui le moindre pas de côté représente un espoir de sauver les meubles. Et si ces trois hypothèses justifient l'existence des 20 000 à 30 000 établissements présents sur le territoire, je pensais pouvoir me dispenser de l'expérience – comme je me suis dispensée de l'expérience *maid café* où une serveuse-soubrette me chanterait une comptine supposée rendre ma boisson plus délicieuse [*sic*].

Maintenant je le sais, c'était idiot de ma part.

Quel que soit le domaine concerné, le Japon tend vers l'extrême. Il est difficile alors de ne pas engendrer de fantasmes. De ce que j'ai pu entrapercevoir, l'exigence d'excellence et de conformisme qui pèse sur la population fait que dans l'intimité – et plus rarement à l'échelle individuelle dans la sphère publique –, les individus adoptent des comportements que nous autres Occidentaux jugerons déroutants. Il y a beaucoup à dire sur l'industrie du sexe nipponne, à tel point que le sujet tient du marronnier. Les *love hotels* représentent la partie quasi institutionnelle de cette industrie. Et je peux maintenant affirmer que la case devrait être l'une des premières à être cochée sur la liste de n'importe quel touriste, qu'il ait été attiré au pays du Soleil-Levant par son amour des mangas, des haïkus ou des serveuses-soubrettes.

À l'heure de combler mes lacunes, je réalise que je suis seule. Il me faut donc trouver un +1, si possible du sexe opposé car il arrive que ces établissements refusent l'accès à leurs chambres aux couples de même sexe. Qui plus est, être *gaijin*[22] n'est pas non plus facilitateur, la possibilité de communiquer en anglais sur place étant loin d'être garantie. Il faut savoir prendre des risques.

Mon choix se porte sur A., peut-être parce que la première fois que je l'ai vu, je me suis exclamée : *Waaah, on dirait Mark Owen des Take That!* Lancer une recherche Google Images *Mark Owen* pourrait apporter une dimension supplémentaire au récit si, à la lumière des jours qui ont suivi, je n'avais pas réalisé que

22. *Gaijin* (外人) abréviaton de *gaikokujin* (外国人, *personne d'un pays extérieur*) est le terme japonais désignant l'étranger.

A. ne ressemble pas vraiment à Mark Owen. Mais A. aime la grammaire et corrige sans cesse mon anglais ; les voies des phéromones sont impénétrables.

Pas trop difficile à convaincre, mon nouvel ami et moi prenons rendez-vous pour une promenade à Dogenzaka, la colline des *love hotels* à Shibuya. Les *love hotels,* c'est un peu comme les *jidōhanbiki*[23] ou les *konbini,* il y en a partout. La ville en compterait plusieurs milliers. Mais comme chacun est supposé avoir un univers propre, autant opter pour celui qui correspond le mieux à son humeur : ambiance carcérale, château de princesse ou esprit de Noël, il faut choisir… tout en gardant à l'esprit que les chambres originales sont très demandées et la plupart du temps hors budget. Il faudra compter un peu plus de 90 euros pour quelques heures de repos sur la fausse terrasse de la kitchissime chambre 704 de l'hôtel Emperor dans le quartier de Meguro. Et, pas de regret : la chambre Hello Kitty SM vue dans tous

23. Le terme *jidōhanbiki* désigne le distributeur automatique, qu'il distribue, entre autres et selon la machine, des boissons, des cigarettes ou des snacks. Sans qu'il soit possible d'avoir de certitudes quant à leur nombre exact, il est dit que Tokyo en compterait autour d'un pour trente habitants.

les sujets consacrés aux *love hotels* appartenait à un établissement aujourd'hui fermé.

Nous voilà sur la colline Dogenzaka. Première déception : l'endroit est bien moins amusant à visiter que ce que je m'imaginais. Je pensais me retrouver au Disneyland du stupre mais je retrouve à arpenter les rues de ce qui ressemble à un village européen. Ces villages un peu morts mais pas tout à fait, un peu tristes. Où sont les néons multicolores ? Les bâtisses baroques et futuristes ? Les couples goguenards ?

Mis à part une ou deux exceptions, les immeubles sont bas, gris et vieillots. Pas exactement ce que j'attendais. Nous sommes en semaine, il est 15 heures, une heure que je croyais idéale pour croiser sinon des Nippons illégitimes, au moins des touristes lestés de leur sac à dos. Personne.

Nous entrons dans quelques établissements constatant que l'extravagance n'est pas au rendez-vous. Malgré des noms exotiques, les chambres sont souvent sans grand intérêt. La mise en scène est inexistante, même si un certain kitsch est presque toujours de mise.

Les *love hotels* sont donc… des hôtels. À défaut d'un coup de cœur et après avoir réalisé que ce ne serait pas forcément dans le plus impressionnant que nous trouverions le meilleur rapport qualité/prix – et parce que nous n'avons pas non plus prévu de passer le reste de l'après-midi à arpenter le quartier –, nous jetons notre dévolu sur le Ten-Un. *Ten'un* (天運) ça veut dire destinée ou chance et ça pourrait m'émouvoir si seulement je parlais japonais. Sa devanture est verte, un peu laide et il n'a pas de thématique particulière. À ce moment du récit, la décoration de notre chambre a fini par devenir accessoire. Nous choisissons presque au hasard parmi celles que le panneau lumineux à l'entrée nous indique comme disponibles.

Située au sous-sol, toute de velours et de fioritures, la nôtre semble plus petite que sur la photo, ce qui n'est pas sans me donner la sensation de pénétrer un sarcophage. La porte métallique se referme. Une borne de paiement féminine se met à nous parler. Son ton est enjoué mais ferme et le fait que son discours tourne en boucle pendant que nous tentons de comprendre ce qui se passe rend le moment un peu angoissant. Elle nous demande de la payer. Les choses seraient simples s'il n'y avait pas toutes ces touches et ces signes que nous ne comprenons pas. Nous réalisons que nous n'avons pas assez d'espèces et que nos cartes ne passent pas. La porte est verrouillée. Nous sommes à l'intérieur du cercueil avec une machine qui récite avec énergie des choses que nous ne comprenons pas. Je ris mais si j'avais bu, je pourrais aussi bien pleurer. A. finit par appeler la réception et, de son japonais balbutiant, explique que nous sommes enfermés sans pouvoir régler. Agacée, la concierge vient nous libérer. Piteux, nous revenons sur nos pas afin de retirer les 4 500 yens (soit à peine 32 euros) nécessaires pour occuper la chambre entre 14 heures et 20 heures.

De retour dans le cercueil moelleux, après avoir adressé un sourire désolé à la guichetière et être parvenus à faire taire la centrale de paiement, nous pouvons enfin explorer les lieux : un lit, une banquette, une bouilloire, du thé, une salle de bain et ses toilettes, brosses à dents, brosses à cheveux… bref, une chambre d'hôtel. Seuls les deux préservatifs déposés dans un panier près du lit indiquent que la destination ultime du lieu n'est pas le repos – horaire ou éternel. Mais s'il est supposé garantir un certain anonymat, l'endroit n'est pas exceptionnellement bien insonorisé.

Et parce que les perversions sexuelles nipponnes ne connaissent pas de limites, les plus débridés commanderont des chips, des nouilles instantanées et regarderont un porno avec mosaïque de censure.

Les heures qui ont suivi nous appartiennent. Et elles n'ont fait que confirmer l'hypothèse selon laquelle le thème du lieu n'a qu'une influence limitée sur ce qui se passe entre ses murs. Par contre, prémices à un moment léger, les déambulations à la recherche de l'hôtel et de LA chambre – souvent sans intérêt autre que celui de pouvoir en salir les draps – sont un excellent aphrodisiaque. Il suffit qu'elle soit juste un peu plus de mauvais goût que le lit conjugal. Et, faites confiance aux Japonais, elle le sera. Parce que maintenant, et comme rarement, vous êtes *in the mood for love.*

C'est extra : faire de la figuration (Partie I)

Lundi 7 juillet 2014

Pour l'étranger qui ne parle pas japonais, la figuration est l'un des moyens les plus simples (et légaux) de gagner de l'argent. Et ça tombe bien parce que, qu'elles occupent un bureau minuscule dans le quartier branché d'Harajuku ou qu'elles soient localisées au rez-de-chaussée d'une maison perdue au cœur d'un quartier résidentiel excentré, de nombreuses agences se partagent le gâteau de la fourniture de gueules de *gaijin* pour campagnes publicitaires et programmes TV.

Le fait est que depuis mes quatorze ans, je n'ai plus rêvé d'être actrice et que j'ai mieux à faire que de perdre de mon temps dans des castings (je peux, par exemple, dormir). C'est ce que j'ai réalisé lorsque je me suis retrouvée sur le casting d'une publicité de crackers à devoir jouer en anglais et en japonais la bouche pleine de biscuits alors que ma dernière expérience sur les planches remontait à juin 1997. J'avais treize ans, un rôle secondaire dans la pièce mise en scène par le club théâtre du collège et mon jeu était tellement convaincant que ma propre sœur est partie avant la fin de la représentation. À mon niveau de compétence, la figuration devrait se limiter à boire un Coca (dans une série type *Premier Baiser*) ou une bière (dans une série type *How I Met Your Mother*) en faisant semblant de parler au type en face de moi, le tout avec un air inspiré.

Je suis inscrite auprès de sept agences. Parce que les exclusivités sont rares, et la plupart du temps justifiées par le *sponsoring* du visa de travail, la plupart des *talents* s'enregistrent dans une dizaine d'entre elles – quitte à devoir payer des frais d'inscription. Les conditions de travail sont similaires, seuls les délais de paiement varient (entre un et… plusieurs mois).

Certaines exigent par écrit d'être dédommagées à hauteur de dix fois le salaire garanti si l'on ne se présente pas à un tournage auquel on s'est engagé. D'autres demandent à être prévenues de tout changement majeur de notre apparence – le bronzage faisant partie de la liste des modifications à signaler.

Comme j'expliquais à un responsable : je veux juste être la *gaijin,* là-bas, au second plan. Il n'a pas fait semblant de rire et je n'ai plus jamais entendu parler d'eux. Il faut dire que je n'ai pas vraiment joué le jeu lors de mes inscriptions. J'ai donné trois photos vieilles de deux ans et j'ai indiqué un poids au hasard – qui, après vérification, est de trois kilos supérieur à mon poids actuel. Pour le reste, j'ai souri, garanti mon sérieux et ai posé pour quelques photos montrant toute la décontraction dont je ne suis pas capable.

Mais parce que le *gaijin* est recherché, j'ai participé depuis mon arrivée quatre mois plus tôt, à sept tournages faisant de moi tour à tour une lycéenne studieuse, une mère de famille épanouie et une foule d'individus sans fonction déterminée. Plus inquiétant, j'ai participé au tournage d'une publicité dont il m'est encore impossible de déterminer l'objet. Tout ce que je sais, c'est qu'à un moment, on m'a demandé d'exécuter une chorégraphie copiée sur les mouvements d'un petit robot qui dansait en face de moi.

Qu'est-ce qui amène l'étranger à faire de la figuration au Japon ? Les rêves de gloire semblent minoritaires, voire inexistants. Le gros du bataillon, acteurs non professionnels (voire pas acteurs du tout), ne recherche pas la lumière. De toutes nationalités et de tous âges, il s'agit souvent de personnes qui ne parlent pas suffisamment bien la langue pour être *salaryman* ou *office lady*. Les autres considèrent sans doute qu'intégrer le monde de l'entreprise n'est pas la voie la plus évidente pour s'épanouir au pays du Soleil-Levant. Encore faut-il assumer la précarité qui va avec ce choix. Lors de mon dernier tournage, l'agence m'a demandé de bloquer une semaine entière (pendant laquelle, il m'est impossible de prévoir quoi que ce soit d'autre) en me disant que l'équipe me voulait *absolument* et que la paye serait intéressante. Finalement, le tournage ne durera que trois jours, il est possible que je n'aie qu'un rôle mineur et la paye associée (12 000 yens – soit 87 euros – pour un tournage pouvant durer de 4 à 8 heures. Au-delà, le salaire passe à 15 000 yens). Sur ce type de programmes, un acteur professionnel peut toucher 40 000 yens la journée mais certaines agences ne proposent que 10 000 yens pour un tournage pouvant durer douze heures. Et, violente réalité de l'offre et de la demande, à travail équivalent, un Japonais sera payé environ quatre fois moins… Le fait est que le tournage achevé, je ne sais toujours pas combien je serai payée. Ce que je sais, par contre, c'est qu'à trop poser de questions, il est probable qu'un beau jour on ne me propose plus rien. Mais si l'opacité est de mise, c'est parfois aussi de notre fait. Certaines agences ont une grille tarifaire qu'elles ne présentent pas toujours lors de l'inscription mais qu'elles sont prêtes à détailler si on le leur demande. Au Japon comme ailleurs, le statut de *talents* est précaire et certains en tirent profit. Se retrouver au milieu d'un groupe de figurants donne parfois l'impression d'appartenir à la cour des miracles. Néanmoins, se retrouver à hocher bêtement la tête en réponse à d'incompréhensibles et interminables indications de jeu – expérience *Lost In Translation* par excellence – vaut bien quelques sacrifices.

C’est extra : faire de la figuration (Partie II)

Mercredi 9 juillet 2014

C’est officiel, je viens d’obtenir un rôle dans un épisode de *Torihada*, l’émission du lundi soir sur TV Asahi. *Torihada*, ça veut dire *chair de poule* et l’émission présente des reconstitutions d’histoires supposées effrayantes, sous les *EEEeehhh??!!!* de starlettes incrustées en médaillon au coin de l’écran. Ce type de programmes permet à un certain nombre de *gaijin* sinon de payer le loyer, du moins d’avoir vaguement l’impression d’être utile (tout en profitant de boissons et de repas gratuits).

Quelle est l'importance de la qualité du jeu sur un *Toribada*?

Premier élément de réponse: jusque-là, je n'ai été que figurante et la sélection s'est faite sur photos. Selon mes observations, les exigences sont relatives. À la télévision nipponne, les visages grimacent pour un rien et les exclamations fusent. Si ce n'est pas surjoué, ce n'est pas juste et celui qui serait considéré partout ailleurs comme un acteur raté – mis à part peut-être dans les pays produisant des *telenovelas* – aura toutes ses chances au pays du Soleil-Levant. Mon degré de stress est donc au ras des pâquerettes, sans doute aussi parce que, pour paraphraser Sarah Bernhardt, le trac ne viendra qu'avec le talent.

Premier jour de tournage, rendez-vous à 7h30 à Shibuya

7h14, dans le métro, à ma droite sur la banquette, un vingtenaire, les jambes écartées de façon que je ne puisse pas bouger. Il n'arrête pas de se gratter pendant qu'il joue sur son téléphone. J'ai beau me dire que c'est probablement un tic, je ne peux pas m'empêcher d'imaginer ses peaux mortes tomber sur mon jean. Dans son costume-cravate, mon voisin de gauche, lui, se cure discrètement le nez. Je ne prétendrai pas être à l'aise mais je suis assise, alors je fais de mon mieux afin de focaliser mon attention ailleurs. En face de nous, une publicité pour une boisson alcoolisée propose de se *nettoyer* grâce à ses 9° d'alcool. Les publicitaires sont des gens fascinants.

7h34, je retrouve le groupe qui m'attend et m'excuse platement. Parmi eux, il y a Marie, une Ukrainienne de vingt-quatre ans et Stéphane, Français musculeux, la trentaine bien entamée. Ce sont deux figurants avec qui j'ai déjà fait plusieurs tournages et que j'apprécie. Marie est arrivée au Japon six ans plus tôt et parle quatre langues. Dès nos premiers échanges, elle m'a indiqué comment obtenir un visa étudiant à moindres frais et m'a conseillé d'acheter une lessive antimoisissure en été. Forcément, j'ai accroché. Stéphane, s'il fait partie de la catégorie body-buildeurs dragueurs, est avant tout un très gentil garçon. Marié à une Japonaise, lui aussi est à Tokyo depuis de longues années même si je ne suis pas certaine qu'il y ait trouvé sa place. Mauvaise nouvelle, le petit déjeuner n'est pas pris en charge. On s'arrête au *konbini* où chacun de nous achète ce dont il a besoin avant de rejoindre le minibus qui nous conduira sur le lieu de tournage.

8h18, En route, je questionne le manager en train de lire le script en diagonale. Je m'appelle Audirian – C'est pas le nom d'une des sœurs de la petite sirène, ça? – et je meurs assassinée… Et je crie pendant qu'on m'assassine… Et ma colocataire m'entend agoniser. *Sympa,* je conclus. J'ai donc confirmation que j'ai un vrai rôle (J'ai un *nom*)… de fille qui meurt… sur trois jours. Lente agonie, mais agonie vocale. Et le tournage n'est pas à Tokyo mais à Yokohama.

Avec tout ça, je ne sais pas combien est tarifée l'agonie sonore au Japon.

8h36, nous arrivons dans ce qui se veut être un cottage anglais. J'en apprends un peu plus sur mon rôle: je m'appelle en fait Adrienne, je suis Américaine, j'ai vingt-six ans et ma colocataire sur le point de se marier veut venir me voir en Australie et retarder son mariage. Marri, le futur marié (Stéphane) me tue et tue Leslie (Marie). Une fois morte, j'aide un médium à identifier notre meurtrier. Une jolie histoire. Selon le planning, le début du tournage est prévu à 11 heures. J'entame un café glacé en discutant crimes passionnels avec mon meurtrier. Stéphane a beau être gentil, il comprend, parce que quand tu pètes un plomb, tu pètes un plomb. Je retourne étudier.

9h30, on enfile nos costumes : me voilà en pyjama. Et parce que le boulot d'un acteur sur ce genre de tournage consiste avant tout à attendre, je sors mon livre de cours : *Issho ni ocha wo nomimasen ka*[24] ?

Pour m'aider, le manager me pose quelques questions basiques :

« Quel jour serons-nous demain ?

— Hmmmm… 11h30 ! (L'heure à laquelle nous avons rendez-vous le lendemain). »

Gambarimasu[25] *!*

Si par principe les agences restent floues, il nous confirme que nous devrions être payés entre 20 et 25 000 yens par jour (entre 144 et 180 euros) du fait de notre statut de personnages principaux. Enfin, nous serions censés finir à 17 heures en ayant commencé à tourner à 11 heures. Et il est déjà 11h20.

24. 一緒にお茶を飲みませんか en hiragana parce que mon manuel s'adresse aux débutants : いっしょに おちゃをいきませんか, en français : *Si nous allions boire un café ?* Le Japonais, lui, propose d'aller boire un thé vert.
25. 頑張ります ! (en version originale), *Je fais/vais faire de mon mieux !* (en français).

11h40, à l'étage, c'est l'heure pour Marie de se faire tuer. Moi, je continue à étudier.

12h15, mon tour est venu de me faire trucider. Pour le premier plan, je dois sortir de ma chambre, endormie, et rester cinq secondes dans le couloir à regarder le tueur avant de courir me réfugier dans la chambre. Problème : mon cerveau reptilien refuse de me laisser jouer l'étirement d'émotions – ceux vus dans les changements de scène d'*Amour, Gloire et Beauté* – alors que je suis sur le point de me faire poignarder. Chargé de la traduction, Josh me dit : *ce n'est pas la vraie vie, c'est du jeu. Si tu vas trop vite, les gens ne comprennent pas.*

Il faut que je garde à l'esprit que ceci est une fiction. Une fiction télévisée. Une fiction télévisée japonaise.

Sans que je me l'explique, le petit écran semble épargné par le souci tout japonais du détail. Les séquences sont rarement reprises plus de trois fois. Et si je n'arrive pas à regarder mon tueur, son couteau en plastique, mon tueur, son couteau plastique, cinq secondes durant, ils meubleront autrement. Ainsi, après que j'ai abusé de sa patience sans être parvenue à leur donner satisfaction, l'équipe décide d'avancer dans la scène. Stéphane me poursuit maintenant dans la chambre. Je lui lance des vêtements au visage – c'est joli, ça vole partout –, il me plaque au sol, me poignarde, j'agonise.

Entre deux prises, les techniciens nous éventent. Gentillesse ou souci de prévenir toute perle de transpiration sur nos fronts, j'apprécie le geste d'autant que la scène est relativement physique. Les prises successives à l'occasion desquelles je suis projetée à terre font que trois jours plus tard, j'aurai encore mal à l'épaule. Constat d'échec: mon initiation au jujitsu – trois mois en 1999 – ne m'a servi à rien. Je ne sais toujours pas tomber sans me faire mal.

Pause-déjeuner.

À mille lieues du jambon-beurre, j'aime les *bentō* que l'on nous sert lors des tournages. Le fait de s'extasier sur ces repas confirme mon statut de débutante dans la mesure où le choix se limite généralement aux options poulet *karaage*[26], saumon ou porc. Je fais de mon mieux pour

26. Le *karaage* (から揚げ) est une friture japonaise à base de sauce soja, d'ail et de gingembre. Le plus classique (et le plus addictif) est le *karaage* de poulet.

garder ma dignité, mais je suis heureuse comme à Noël. Visiblement moins excitée, la maquilleuse pousse le professionnalisme à s'arrêter un instant de manger pour venir m'attacher les cheveux.

Le tournage reprend pour certains. Je retourne à mon japonais.

16 heures. Après une prise de Marie et moi agonisant avant le déjeuner, nous *tournons* une dernière scène, Marie et moi, mortes. Il est étrange d'être clouées au sol et de voir les techniciens s'agiter autour de nous sans comprendre ce qui se dit. Le faux sang dégouline ; probable que nous soyons hémophiles. C'est à ce moment précis que je réalise combien je suis heureuse d'être là.

La scène débute sur le flegmatique *what a pity…* lancé par le policier. Que la ligne d'un personnage qui découvre deux jeunes femmes gisant dans une mare d'hémoglobine se limite à un *pas de bol…* m'amène à réprimer un rire. Par chance, aucune caméra n'est braquée sur mon visage. Je reste silencieuse mais je sens mon nez se froncer et ma bouche se tordre.

17 heures. Marie et moi avons fini la journée et le planning a été respecté. Je rends mon

pyjama. La maquilleuse m'attrape alors que je suis sur le point de partir ensanglantée et prend le temps de me nettoyer. Débarbouillées, Marie et moi passons par le quartier chinois de Yokohama avant de rentrer à nos frais à Tokyo. Les deux jours qui suivront seront aussi agréables. Et parce que le fantôme d'Adrienne est très bavard, je serai même amenée à parler, d'une voix triste et monocorde. Il paraît que c'est comme ça que s'expriment les revenants. Et comme nos voix seront recouvertes par celles d'acteurs japonais, nous pouvons dire n'importe quoi. Regardant la caméra avec mon air le plus dépressif, j'ai donc pu déclamer :

How much wood would a woodchuck chuck if a woodchuck could chuck wood[27] *?*

… Et tout le monde a été très content.

---

27. *Quelle quantité de bois pourrait couper une marmotte, si une marmotte pouvait couper du bois ?* (équivalent anglais de notre : *Les chaussettes de l'archiduchesse sont-elles sèches ? Archi-sèches ?*).

Neoguri,
la grosse arnaque le typhon

Dimanche 13 juillet 2014

Ma première saison des pluies[28] a été décevante. J'attendais qu'il pleuve sans discontinuer pendant un mois mais il n'a plu que quelques jours, par averse. C'est dommage parce qu'une des choses les plus poétiques à Tokyo, c'est le ballet des parapluies transparents. On le paye 108 yens au *100-yen shop*, puis, une fois sur deux, on l'oublie dans le métro en rentrant chez soi. Maintenant,

28. *Tsuyu* (梅雨, *pluie de prunes)* est le terme désignant la saison des pluies commençant début juin et finissant mi-juillet.

je sais qu'un parapluie opaque n'est qu'un brouillon de parapluie. Neoguri annoncé, j'attendais qu'il me fasse découvrir Tokyo sous des trombes d'eau. J'attendais beaucoup de lui. Sûrement trop.

Mardi 8 juillet

4h24, mon père via Gmail

Bonjour mon amour.

La météo annonce un typhon sur le japon pour mardi. J'espère que ton logement est assez solide (je plaisante), évite quand même les sorties. (...)

Dois-je lui avouer que je n'ai qu'une très vague idée de ce qu'est un typhon ? Si on me pose la question, je dirais sans doute que typhon et tsunami, c'est un peu la même chose. Sauf que le typhon, ça ressemble plus à une tornade. Et ça se passe en mer. En fait, la seule chose dont je suis sûre, c'est que c'est dangereux. Comme l'humour paternel est aussi douteux que le mien, je clos ma réponse par un : *Ps : pour le typhon, j'ai pris un parapluie.*

14h08, ma tante via Facebook

Un énorme typhon est annoncé au Japon avec des vents 220 km/h et débordement de la mer avec violence. Sois prudente chérie !...

Mercredi 9 juillet

Ozaki-*sensei*[29], notre professeur du mercredi nous apprend que le passage du typhon sur Tokyo est prévu le surlendemain. Il faudra les appeler jeudi pour vérifier que le cours du vendredi est maintenu. J'entrevois la perspective d'une journée consacrée à écouter la pluie tomber et à sentir ma maison se balancer. Parce que pour mieux résister aux catastrophes naturelles, les bâtisses (qui n'ont jamais de mur mitoyen) reposent sur des structures déformables qui, comme le roseau, s'inclineront avant de rompre. Situé au deuxième étage, mon lit oscille presque quotidiennement au gré du vent et contre toute attente, c'est plutôt agréable.

Ozaki nous explique aussi que dans *taifū* (台風), le premier kanji signifie *plateau* et le second *vent*. Si l'idée de vent paraît évidente, *Sensei* n'en

29. Le terme *sensei* (先生, *celui qui a vécu avant*) désigne le professeur, le maître. Il s'agit également d'un suffixe que l'on ajoute au nom de la personne pour la qualifier. De nombreux autres suffixes permettent de préciser le statut de la personne ou la relation qui la lie à son interlocuteur. Parce que le Japonais tend à se faire appeler par son nom de famille, je peux être Parmentier-*sensei* (professeur Parmentier), Parmentier-*san* (Madame/Mademoiselle Parmentier) ou Agathe-*chan* (petite Agathe).

sait pas plus sur le pourquoi du plateau. Internet me dit lui que l'origine du mot n'est pas connue et que le kanji qui désigne le plateau pourrait n'avoir été ajouté que pour des raisons phonétiques.

17h47, ma résidence via Gmail

Chers résidents,

(…)

Le typhon numéro 8 est en chemin vers Tokyo et devrait atteindre la ville après-demain. Le typhon numéro 8 est plus puissant que la plupart des typhons.

Merci de redoubler de vigilance et de fermer soigneusement les portes et les fenêtres (dans votre chambre et dans les parties communes).

Veuillez protéger votre tête et faire attention aux rafales de vent et aux pluies violentes qui pourraient endommager les arbres et la signalisation si vous êtes à l'extérieur.

Veuillez noter que les trains, métros et autres services de transports pourront subir des retards. Veuillez rester à l'intérieur et vous tenir au courant de l'actualité dans la mesure où il pourrait changer de vitesse ou de trajectoire. (…) »

La journée à traîner au lit se confirme.

Jeudi 10 juillet

Il faut que j'aille faire des courses pour ne pas avoir à mettre le nez dehors le lendemain. L'image de mon téléviseur saute alors que les informations montrent les vidéos catastrophes du passage de Neoguri dans le sud du pays. Je ne comprends pas ce qui se dit mais peut-être que je devrais acheter plus de Coca.

16 heures, il est temps de contacter l'arrondissement de Taitō afin de savoir si le cours du lendemain est maintenu. Comme nous avons été prévenus qu'il n'y aurait pas d'anglophone au bureau, je consacre de longues et pénibles minutes à la préparation de mon premier appel en japonais : *Sumimasen, ashita nihon go gakkou ga arimasu ka*[30] *?* J'ai dit *école* au lieu de *cours* et ma grammaire est approximative, je suis d'autant plus contente d'obtenir une réponse et de la comprendre. Je suis par contre un peu déçue du message : *Hai, arimasu*[31]. Allons Taitō, vous n'êtes pas sérieux : un typhon est sur le point de s'abattre sur la ville, ma résidence me demande de rester calfeutrée ou de sortir avec un casque et vous vous faites

30. *Excusez-moi, y a-t-il école de japonais demain ?*
31. *Oui.*

venir vos professeurs bénévoles pour les cinq élèves qui continuent à assister à vos cours ?! Limitée par mon vocabulaire, je me contente d'un : *Arigatō… arigatō… arigatō*[32].

16h48, *Typhon Neoguri : Tokyo sous des trombes d'eau* titre le site de BFM TV.

Effectivement, je viens de recevoir quelques gouttes de pluie.

20h30, le ciel est noir, il commence à pleuvoir. Arrivée chez moi, je décide de garder la fenêtre ouverte pour écouter le cataclysme venir. Je serai toujours à temps de la fermer lorsque je serai réveillée par la pluie sur mon visage.

Vendredi 11 juillet, Jour J

8 heures, il n'a pas plu cette nuit. Le temps est couvert mais lumineux, aucune bizarrerie météorologique à signaler. Sur internet, la météo heure par heure annonce une journée partagée entre temps clair et nuageux, pas la moindre averse prévue. Je ne comprends pas : il est à quelle heure le typhon ? Je dois aller travailler ce soir ?

32. *Merci… merci… merci.*

8h50, il fait beau. Depuis ma fenêtre, je crois pouvoir annoncer que le typhon a été annulé sur Tokyo. Qu'est-ce que je vais raconter à mes proches ? Finalement, je suis contente d'aller en cours pour en savoir plus. En route, je prends une photo de ce ciel d'un bleu un peu trop vif. Plutôt qu'un typhon, tout ça m'a l'air d'être la première vraie journée d'été de l'année.

9h30, Noda-*sensei* nous explique que le typhon était beaucoup moins important que prévu. Quand je fais remarquer qu'il n'a pas plu, il me rétorque que *si, si, il a un peu plu au sud de Tokyo.*

AH.

15h07, ma sœur via Facebook
Alors le typhon… ?
…
…
…
La grosse arnaque le typhon.

C’est extra : faire de la figuration (Partie III)

Jeudi 17 juillet 2014

« T’es au Japon, souris ! »

L’une des choses les plus intéressantes sur les tournages, ce sont les *gaijin* avec lesquels nous partageons quelques heures de nos vies sans l’avoir choisi. Après avoir réalisé que ce sont toujours les mêmes têtes à l’écran, quelques tournages permettent d’identifier parmi eux les nuisibles. Je pense tenir mon rang de Française râleuse, j’y consacre une énergie certaine. Mais comme l’enfer c’est les autres, je suis plutôt tentée de me méfier de la jolie vingtenaire. Celle qui se dit que sur un malentendu, ça pourrait marcher pour elle. On la reconnaît à son besoin compulsif de se remaquiller et au magnétisme l'amenant à être constamment dans le champ de la caméra. Pleine d'énergie et *super positive*, son défaut majeur est de m'amener à me demander où est passé mon propre enthousiasme imbécile. Son pendant masculin, l'acteur raté, est plus pénible même si tout aussi innocent. La cinquantaine bien avancée, le bronzage et le brushing impeccables – quoique le second soit en cours d'élagage –, il est incroyablement télégénique. Il fait son possible pour amuser la galerie en produisant des séries d'onomatopées. Comme un rire poli finit toujours par être émis, on ne l'arrête plus. D'ailleurs, sa forme extraordinaire, il la tient de sa boisson aux baies de goji. S'il flirte avec la frontière de la nuisance, c'est malgré lui.

Alors qui est le nuisible ?

Le nuisible, sans que j'aie réussi à comprendre pourquoi, porte une casquette. Il parle très fort, aligne les lieux communs et les plaisanteries dispensables. Il a un avis tranché – et négatif – sur tout et a beaucoup de choses à m'apprendre sur le Japon. Parce qu'il déteste le Japon. Je viens de le rencontrer, il ne me connaît pas, mais il est sur le point de m'expliquer la vie. Mécanique inexorable, ces tournages sont l'occasion de ressasser les mêmes clichés. D'abord en prétendant les dénoncer puis en allant chacun de son exemple le validant. Sujet inépuisable : les Nipponnes sont vénales et, une fois mariées, elles se transforment en monstre sans cœur. Sera aussi évoquée l'obligation pour le Nippon de se conformer à un comportement type, au risque d'être considéré comme un *Japonais cassé*, selon l'expression employée par un figurant américain. Parce qu'elle va dans le sens des idées que je suis en train de me forger (l'équilibre du groupe doit primer sur l'individualisme), la théorie me plaît. Le problème est qu'en faisant des recherches sur le sujet, je n'ai rien trouvé. Et aucun des Japonais que j'ai interrogés n'a entendu parler du concept de *Japonais cassé*. Mais le nuisible ne se contente pas de théoriser. Il s'intéresse à moi et souhaite savoir si j'ai déjà testé les *love hotels* et les *onsen*. L'*onsen* (温泉, *source chaude*) est le therme japonais. La nudité y est de mise et, même si les deux ont en commun d'être des institutions, ma fréquentation des *love hotels* et des *onsen* ne fait pas partie de mes sujets de prédilection avec des inconnus. Il peut aussi s'exclamer – en français – que son cinq à sept du moment, l'autre coup, elle portait un *décolleté ras-la-moule [sic].*

Quand il n'est pas francophone, la plaie n'hésite pas à demander le sens de l'expression *je t'aime* et veut savoir si je connais une certaine Céline, étudiante française dont il n'a plus de nouvelles depuis qu'elle a décidé d'épouser un Japonais. En réponse à mon haussement de sourcils, il m'explique que *ben oui, elle aime beaucoup le Japon.* Il me demande mon âge, s'exclame que je fais plus jeune en prenant à témoin une jolie jeune femme qui feint de s'extasier. Malaise. Dans son *broken English*, Relou embraye sur le fait que c'est normal, les femmes ne pensent qu'au shopping. Ce sont les hommes qui, eux, gèrent les vrais problèmes: payer le loyer et les factures. Alors ils vieillissent plus vite. Plaisante-t-il? Non, son rire gêné confirme son sérieux. Il conclut que vu que j'ai trente ans, pour se mettre dans la peau de nos personnages, on dira que je suis sa petite amie et que nous rentrons de lune de miel. Il finit par me recommander d'éplucher les annonces des journaux gratuits afin de trouver fissa *un mari japonais qui te donnera de l'argent tous les mois et que s'il ne le fait pas, tu peux le traîner au tribunal comme l'a fait *BIP*.* BIP est une figurante avec laquelle j'ai échangé en tout et pour tout trois phrases, mais je suis ravie d'être informée des conditions de son divorce.

Le pouvoir de nuisance de la plaie se multiplie lorsque deux spécimens se rencontrent. Commence alors un phénomène extraordinaire : les répliques précieuses s'enchaînent tandis que le temps s'étire. Paternaliste, condescendant et aigri, en incarnant ce qu'il faut éviter de devenir, le nuisible finit par démontrer son utilité.

J'ai été payée pour regarder quatre heures de Vidéo Gag (et c'était très long)

Vendredi 25 juillet

Travailler en tant que figurante amène à faire des choses improbables. J'ai par exemple accepté l'offre suivante :

ONEGAI RANKING GOLD TV SHOW (TV Asahi)

We are looking for :

1. ALL RACE & SEX! AGE GORUP [*sic*] FROM 18~40'S!

2. YOU WILL BE WATCHING A VIDEO FROM YOUTUBE & MAYBE A SHOT [*sic*] INTERVIEW

Je crois comprendre qu'il s'agit de faire partie du public d'une émission TV, je me dis que ça peut être amusant. La paye est de 10 000 yens cash (soit 73 euros) et il n'y a pas de sélection. Banco.

23 juillet, 11h30, Forum 8 (Shibuya)

Inutile de vérifier l'adresse lorsque je vois la centaine de *gaijin* amassée dans la rue. L'image a un petit côté casting de la Nouvelle Star. Je ne connais personne et de toute façon, je n'ai pas envie de causer. J'espère juste qu'ils vont nous nourrir parce que j'ai faim.

11h50, après avoir signé la feuille de présence, on s'installe dans une salle de conférence, j'ai un porte-bloc-notes et un badge à mon nom indiquant mon pays d'origine.

12h15, la salle est pleine. Je reconnais quelques figurants croisés sur des tournages. Un type nous explique que nous allons devoir noter des vidéos. Ça semble un peu trop beau pour être vrai. Au vu des documents qu'on nous a remis, il y aura six séries comportant entre dix et vingt séquences. Chacune ayant une thématique différente traduite dans un anglais approximatif : *Unexpected happening, Security cameras, Rescue, Challenger daredevil, Wonderful: natural phenomenon, Attacked by the animal and is the pinch* [*sic*].

Les images, pour la plupart vieilles de plusieurs années, ont été trouvées sur YouTube. Peu importe, la tension est garantie par les comptes à rebours et les arrêts sur image avant chaque effet dramatique ainsi que par les commentaires de l'animateur. Temps de cerveau disponible. La première bonne nouvelle, c'est que je vais rattraper les vingt ans de Vidéo Gag que j'ai de retard, la seconde, c'est que je vais réviser mon japonais : j'ai reconnu le mot *grand-mère*, je suis bien contente.

Trois cameramen tournent autour de nous en filmant nos réactions. Je fais la gueule et j'ai faim.

13 heures, nous venons de finir la première série. La moyenne de mes notes tourne autour de 4/10 et je me trouve gentille. Un des types vient caméra au poing me demander : *dō deshita ka*[33]*?* Je réponds en anglais – et en grimaçant pour être plus explicite – que je n'ai pas aimé. Il interroge mon voisin – qui n'a pas beaucoup aimé non plus mais qui, lui, a des trucs à raconter en japonais. Nous reprenons le visionnage. La salle rit très fort, la gent féminine pousse des

33. En français : *C'était comment ?*

cris aigus et la série se clôt sous les applaudissements. Les indices s'accumulent : j'ai intégré un programme de lavage de cerveau.

13h37, fin de la deuxième série. Peut-être parce que j'ai fait la gueule tout le long, personne ne me demande ce que j'en ai pensé. Le responsable de l'agence, lui, vient me demander si je vais bien. Pourtant, prise de remords ou déjà en cours de conditionnement, j'ai mis de meilleures notes. Je réalise que l'expérience est d'autant plus désagréable qu'elle me rappelle l'examen du code de la route. Regarder une vidéo, choisir le chiffre adéquat. J'ai planté mon code à deux reprises. J'envisage de partir mais je me souviens que je suis payée pour être ici. Je croise un Français qui a joué mon mari sur un tournage. Je commence à vider mon sac, espérant trouver un écho à ma douleur. Il me regarde sans que je puisse déchiffrer son expression et me répond : *Ça va, y a pire comme job !* Je sais qu'il a raison. Suis-je à côté de la plaque ? Probable. Oui, ça pourrait être pire : ils pourraient nous passer de la *makina*[34] en fond sonore pour nous donner du cœur à l'ouvrage.

34. Sous-genre de la techno hardcore né en Espagne au début années 90, la *makina* peut, en toute objectivité, être qualifiée de nuisible.

La troisième série débute. Ironie du sort, elle s'intitule *Rescue.* Profitant de la bonne humeur ambiante, l'animateur nous invite maintenant à faire des *standing ovations.* Il est 14h12, je reste assise et je voudrais manger.

Nouvelle pause : nous apprenons que le déjeuner n'est pas pris en charge. Je sors acheter deux *onigiri* dont un fourré aux alevins. Cet *onigiri* reste la meilleure partie de l'expérience.

Il est 15h30 quand à l'écran, un type se balance à moitié nu au-dessus d'une fosse aux crocodiles, un morceau de viande accroché à son slip. La salle est hilare. Sans savoir pourquoi, je pense au type qui a noté mon premier livre 1 sur 5 sur Amazon. S'il était avec nous, est-ce qu'il rirait ? J'espère qu'il serait de ceux qui rient.

16h07, fin des visionnages. La salle applaudit avec enthousiasme. Le cerveau débranché, je ne réalise pas tout à fait que la fin est proche. On nous indique la date de diffusion, je ne prends pas la peine de l'inscrire à mon agenda. J'intègre docilement la file qui se forme afin d'être payée. Bientôt je retrouverai mes esprits, bientôt.

Toilettes japonaises, je vous aime. Merci

Lundi 4 août 2014

Et ma première exposition à Tokyo – cinq mois après mon arrivée – s'intitule *Toilettes ?! Les déchets humains et l'avenir de la Terre.* Parce que comme l'énonce l'introduction de l'exposition présentée sur la presqu'île d'Odaiba, *la défécation est preuve de vie.* Il me semble qu'en mourant, il arrive aussi que… bref. Le musée national des sciences émergentes et de l'innovation japonais (Miraikan) professe qu'il est temps de *parler librement et ouvertement des toilettes.* Soit.

Si défécation et miction sont de bien jolis mots, enfant, je ne me souviens pas avoir été sensible à l'humour pipi-caca. Je me souviens par contre de ce petit message plein de bon sens placardé à l'intérieur du bâtiment où étaient organisés les cours de sécurité routière, dédié jusque dans ses moindres recoins à l'initiation à la civilité :

« Quand tu fais pipi, si tu éclabousses, sois gentil, essuie. »

Lors de mon premier passage à Tokyo, j'avais voulu visiter le showroom de TOTO, la marque à l'origine du *Washlet* – mais je m'étais perdue. Mon intérêt n'est donc pas nouveau mais le jour où je suis tombée sur un WC – public – dont la lunette était recouverte d'une moquette bleu layette, la nécessité d'évoquer le sujet s'est imposée. Gage de l'importance de la problématique, Wikipédia consacre une longue page aux toilettes japonaises et Google me propose de parcourir quelque 32 000 entrées associées. Comment ce pays parvient-il à faire cohabiter de très sommaires toilettes à-la-turque-à-la-japonaise, des lunettes ornées de moquette, et le *Washlet*, un WC suffisamment extraordinaire pour avoir un petit nom et dont la mission est, selon le site internet de son créateur, de révolutionner l'hygiène ?

Quand je parle des toilettes nipponnes, personne n'est indifférent : le local approuve, à peine surpris, mon intérêt et l'étranger se fend d'une anecdote cocasse. À titre personnel, j'ai eu envisagé de passer une demi-heure au petit coin à défaut de parvenir à déterminer si ce capteur activait la chasse d'eau ou servait à signaler que j'étais en train de faire un malaise.

Ici, on peut acheter à boire tous les vingt mètres et soulager gratuitement sa vessie tous les cinquante (que ce soit dans les stations de métro, à chaque étage des *depāto*[35] ou dans la plupart des *konbini*). Si l'on en croit la pyramide des besoins développée par Abraham Maslow, il n'y a pas grand-chose de plus cool que de pouvoir pisser n'importe où et n'importe quand. Je passe donc mon temps à boire mais ce que j'ai gagné en confort, ma vessie l'a perdu en endurance. À Tokyo, l'incontinence me guette.

J'en suis arrivée à ressentir une véritable curiosité pour les toilettes des endroits où je me rends. Vais-je trouver la feuille de papier

35. *Depāto* (デパート, de l'anglais *department store)*, est le terme japonais désignant les grands magasins.

toilette pliée en forme de flèche ? Y aura-t-il un détecteur de mouvement permettant de faire se lever le couvercle ou de déclencher la chasse d'eau ? Un siège chauffant ? De la *musique de princesse* [*sic*] supposée couvrir mes bruits ? Un jeu de lumière polychrome ? Ami tokyoïte : dis-moi comment sont tes toilettes, je te dirai qui tu es.

L'exposition m'apprend que je ne dis pas assez merci à mes toilettes, que j'ai de la chance d'être encore en mesure de m'y rendre seule et de ne pas avoir à faire mes besoins dans un sac plastique. Je connais maintenant la forme et la consistance de l'étron parfait et après avoir eu l'opportunité de recréer en pâte à modeler mon dernier caca, j'ai descendu un toboggan intégré à un wc géant. Enfin, j'ai écouté un concert de cuvettes de wc chantant une ode à… à… à quoi d'ailleurs ? J'aurais parlé japonais, j'aurais pu le dire mais là, mon seul commentaire sera : *Ouaiiiiiiiiis, c'était vraiment mignon !*

Voilà l'été : glaces-volcan, cigales et cafards mutants

Samedi 9 août 2014

Mushiatsui[36].

Mushi-atsui.

Humide et chaud.

Ici plus qu'ailleurs, lorsqu'on rencontre quelqu'un à qui l'on n'a rien à dire, il est d'usage de parler du beau temps. Qu'il s'agisse d'un impératif social ou d'une réelle spécificité météorologique, n'importe quelle méthode de japonais parvient à placer ce double adjectif dans l'une de ses trois premières leçons.

36. En japonais : 蒸し暑い.

— *Nihon no natsu ha mushiatsui desu, ne?*

— *Hai, totemo mushiatsui desu*[37]*!*

La prophétie autoréalisatrice est en marche. Confirmant qu'il s'agit d'un monde à part, les *gaijin* aiment bien se raconter des histoires qui font peur. J'ai donc été informée dès mars de la nécessité d'investir dans une lessive antimoisissure. Selon ma source, à la belle saison, mon linge ne sécherait jamais complètement. Les faits sont un peu moins impressionnants : la mi-août approche et je n'ai pas la moindre moisissure à signaler – et ce malgré ma fidélité à la lessive premier prix. Mais mise au diapason, j'ai moi-même interdit à mes proches de me rendre visite entre juillet et août de peur qu'ils ne succombent à la fournaise annoncée.

29° au cœur de la nuit, quelques pointes autour de 40°… même si je considère ne pas aimer la chaleur, l'été japonais m'a paru plutôt supportable. Lorsque mon éventail ne brasse que de l'air chaud, je replonge dans les longs étés de mon adolescence dans les Pyrénées-Orientales.

37. — *L'été au Japon est chaud et humide, hein ? — Oh oui, vraiment chaud et humide !*

L'ennui en moins, l'air conditionné en plus : Tokyo, c'est un peu le Prades nippon.

Les rares menaces de typhon sont tout de même susceptibles de me rappeler que je ne suis plus en France. Le premier, Neoguri a été une vraie déception, le second, Halong, présenté comme un *super*-typhon devrait toucher Tokyo dans les prochains jours. Je suis prête, j'ai deux parapluies.

Et parce que peu d'entre eux ont connu Prades dans les années 90, les Japonais eux-mêmes ont intégré que leur été est insupportable. Les femmes les plus âgées portent des visières panoramiques et des gants qui remontent le long du bras ; les plus jeunes se contentent de l'option ombrelle. Le Nippon passe son temps à s'éponger le front et la nuque avec de petits mouchoirs éponge (option plutôt masculine) et à se tamponner les bras avec des lingettes parfumées (option plutôt féminine) dont la publicité diffusée dans le métro vise à me convaincre que leur parfum fleuri est le dernier rempart contre la chape de plomb qui s'abat pendant quelques semaines sur la ville.

Après avoir passé la matinée à ingérer des cafés glacés, l'alimentation devient un moyen comme un autre de se refroidir. Dès juin, fleurissent les *kakigōri*, ces monticules de glace pilée recouverts de sirops colorés, qui, pour la petite Occidentale que je suis, n'ont comme seul intérêt que leur faux air de volcan en éruption. Je suis par contre plus sensible aux saveurs des *soba* (nouilles de sarrasin) et *udon* (nouilles de blé épaisses) froides, des glaces au sésame ou au thé vert surmontées de *mochi*[38] et d'*anko*[39].

La belle saison est également l'occasion de croiser des bêtes extraordinaires, telles que ces cafards de cinq centimètres qui investissent quelques mois durant la plupart des résidences tokyoïtes. Comme je les trouve plus intrigants que dégoûtants et que je sais qu'il s'agit d'une bataille perdue, nous vivons eux et moi en bonne intelligence. Quand l'un d'entre eux croise mon chemin, je détourne le regard pendant qu'il poursuit sa route. Les cafards se

38. Le *mochi* (もち ou 餅) est une préparation molle à base de riz gluant. Intégré dans divers plats, il est notamment consommé à l'occasion des fêtes et est à l'origine, chaque année, de plusieurs décès par étouffement (la plupart du temps de personnes âgées). Ça reste l'une de mes découvertes préférées.

39. L'*anko* (餡子) est une pâte de haricot rouge sucrée, elle remplace le chocolat dans à peu près n'importe quelle confiserie traditionnelle (*wagashi*, 和菓子).

cachent-ils pour mourir ? L'idée me paraît assez romantique.

Je me méfie d'avantage des cigales qui, au cœur des parcs, produisent un son électrique oppressant. La première fois, j'ai pensé qu'il s'agissait d'une sorte de répulsif auditif à destination des chiens ou des enfants. Mais après avoir entendu ces modulations angoissantes et parfois assourdissantes à différents endroits, j'ai dû me rendre à l'évidence : il s'agit de cigales électriques mutantes. Et à en juger par leurs stridulations stridentes, elles ne nous veulent pas que du bien.

Enfin, toute péquenaude que je suis, j'ai découvert qu'à une heure à peine de la capitale, on trouve Kamakura, l'une des plus jolies stations balnéaires qu'il m'ait été donné de fréquenter. Le lieu est bucolique et le *Daibutsu*, un Bouddha géant, veille sur ses ouailles qui s'ébrouent sur la plage – pour certaines dans un état d'ébriété avancé. Les yeux bandés et armés d'un bâton, ils essayent à tour de rôle d'éclater une pastèque. À leur contact, j'ai appris qu'il est de bon ton de porter un faux string dépassant de son bas de maillot de bain. Mais au risque de poursuivre dans le *fashion faux pas*, je réfléchis encore à quoi faire de cette information.

Kogaru, la cagole japonaise

Vendredi 15 août 2014

La beauté est une affaire sérieuse. Instruments de torture rose fluo, bave d'escargot et placenta de mouton : comment résister à l'offre de produits supposés lisser/dégraisser/unifier/tonifier/blanchir/dérider les carcasses ?

En ce début d'après-midi, ma télévision s'allume sur une émission dans laquelle de délicates quadragénaires divulguent les secrets de leur apparence juvénile. La première explique recouvrir son visage de la peau du lait qu'elle vient de faire bouillir, une autre fait des demi-pointes pendant qu'elle sèche ses cheveux, la dernière se balance quotidiennement à la corde pendue au milieu de son salon sous le regard bienveillant (?) de ses enfants. Leur point commun ? Des ongles aux couleurs de l'arc-en-ciel et des lubies alimentaires perturbantes, notamment pour les invités de l'émission filmés en train de produire des *EEEeehhh??!!* à chacune de leurs révélations.

De l'avis général, la Japonaise a une beauté sophistiquée mais rarement sensuelle. La culture dominante promeut la discrétion et l'uniformité. Cet été 2014, sur la plage de Kamakura, les autorités locales diffusent des messages indiquant que les tatouages des baigneurs doivent être dissimulés. Quel espace reste-t-il alors à la Nipponne pour se faire cagole ? Et d'ailleurs, qu'est-ce exactement qu'une cagole ?

Selon le Wiktionnaire (citer le Larousse nuirait à la légèreté de mon propos), une « (c)agole /ka. gɔl/ *féminin (Occitanie)* est une fille au comportement plutôt vulgaire et souvent vêtue ou maquillée de manière outrancière attirée par les vêtements aux couleurs criardes. »

En lutte contre un système valorisant la retenue qui a fait d'elle un être un peu trop discret à son goût, elle se redessine flamboyante et froufrouteuse. Pas forcément vulgaire, même si l'élégance reste optionnelle. Le tape-à-l'œil doit primer : plusieurs couches de maquillages – secret d'un teint bonne mine maronnasse – de longs cheveux blonds soigneusement ondulés, des petits autocollants insérés dans le pli de la paupière pour agrandir le regard et des lentilles supposées produire le même effet. Le succès sera total si cette dernière parvient à maintenir une voix haut perchée nasillarde. Nous y sommes : devenue *kogaru (*ou *gyaru* de l'anglais *gal, girl),* la cagole suprême peut partir à la conquête du 109. Au cœur de Shibuya, le 109 est le temple du shopping des jeunes filles plus ou moins en fleurs, génériquement couvertes de robes roses volantées et de boucles blondes à la tenue impeccable. Pour séduire, la Nipponne se doit d'adopter une attitude enfantine : être fine, gracile en usant d'une voix anormalement aiguë, le tout assorti de mimiques ridicules – que je finis malgré moi par singer.

En me rendant aux toilettes, j'assiste à une compétition opposant vendeuses et clientes dans l'espace boudoir. Alors que je contemple l'une d'elles faire danser un fer à friser au milieu de ses extensions capillaires, je réalise que n'être là que pour uriner fait de moi une paria. Je prends donc un air inspiré en consacrant de longues secondes à remettre une couche de Labello cerise sur mes lèvres. Je ne suis pas certaine de faire illusion mais peut-être est-ce la première étape de ma transformation ? Malgré tout, je reste lucide : je ne serai jamais intégrée si je ne rase pas les poils de mes avant-bras – les codes sont par contre moins formels pour d'autres parties du corps habituellement dissimulées.

Chères *kogaru*, je regrette parfois que nous ne fréquentions pas les mêmes cercles. Il m'arrive de vous croiser le samedi matin à Roppongi, le quartier où l'on sort. [Note : *On* désigne les *gens. Moi*, je dors.] Quand je pars sur des tournages au petit jour, comment rester insensible à votre ballet : incapables d'avancer seules sur vos talons devenus trop hauts pour le degré d'équilibre que vous parvenez à maintenir. Je vous regarde tituber, étrangement gracieuses. Vous ne le saurez jamais mais vous illuminez ma journée.

Six mois à Tokyo : état des lieux

Dimanche 24 août 2014

Parapluies perdus : 2 (Lieu et circonstances indéterminés)

Parapluie gagné : 1 (Lieu : quartier de Gotanda, circonstances : sous une pluie battante, j'attendais l'accalmie sous le store d'un magasin ; une dame s'est approchée, m'a tendu le sien et est repartie héler un taxi)

Ces six mois ont-ils passé vite ? Oui et non. La période a été suffisamment riche pour que j'aie l'impression d'avoir quitté Paris plusieurs années en arrière. Et sans chercher à verser dans le romantisme, je me réjouis au quotidien de vivre cette expérience.

J'aime le fait de me sentir en sécurité, n'importe où et à n'importe quelle heure. On s'habitue très vite à ce genre de « luxes ». J'aime aussi avoir l'œil attiré par un truc non identifié dans une boîte mignonne à la caisse du supermarché, me demander à quoi ça sert et réaliser que *ah bah, ça sert à rien…*

Il y a d'abord eu l'exaltation de découvrir une langue dans laquelle je n'avais pas d'autre repère que celui de savoir que *tomate* se dit *tomato.* Un peu moins réjouissant, j'ai réalisé que mon niveau d'anglais n'est pas aussi *amazing* que ce que j'imaginais. Par chance, je ne suis plus à une remise en question près. Je me suis astreinte à regarder quotidiennement les programmes pour enfants en me disant que bientôt, je les comprendrai. Les mois ont passé et, mis à part quelques chorégraphies d'une utilité relative, je n'en ai pas tiré grand-chose.

J'ai été prise dans les débats pédagogiques de ceux qui considèrent qu'il est plus simple de démarrer son apprentissage directement en kana (hiragana et katakana) plutôt qu'en *rōmaji*[40] et de ceux qui

40. Le terme *rōmaji* (ローマ字) désigne les caractères de l'alphabet latin lorsqu'ils sont utilisés dans le cadre du système d'écriture nippon.

t'expliquent que plutôt que d'écrire seulement en kana, il est préférable d'utiliser directement les kanji.

Concrètement, si j'ai très vite appris à lire les trucs *vraiment* importants, tels que カロリゼロ (*karori zero, zéro calorie*), après six mois et un premier trimestre de cours, je commence à pouvoir écrire en kana, en utilisant les trois pauvres kanji que je sais tracer. J'arrive à rédiger des messages courts dans un japonais approximatif. J'ai ainsi découvert que mon prénom, devenu *Agatsu* pour en faciliter la prononciation, peut signifier, au choix, *Lune paisible* ou *Lune de pacotille*. J'ai opté pour la deuxième traduction.

J'ai encore beaucoup de mal avec les compteurs. Parce que ici on compte différemment selon la catégorie de la chose (êtres humains, animaux de compagnie, étages, minutes, âges, objets longs et plats, objets cylindriques, etc.) les nuances semblent infinies et c'est parfois décourageant. Je dois comprendre qu'un phonème qui se lit *fu* peut être à la fois *fu* et un son étrange, analogue à celui produit quand on souffle sur des aliments pour les refroidir.

Parce que mes compétences linguistiques sont en deçà du sommaire, mes premiers mois de sociabilisation ont essentiellement consisté à fréquenter des expatriés. Mais les choses évoluent. Il m'arrive d'apporter des explications rudimentaires en japonais à certains élèves non anglophones. Je discute avec *ma* caissière au supermarché. Je lui dis des trucs comme : *C'est pas cher, hein dites donc !* Elle est bon public, elle rit. Je vois parfois certains élèves en dehors des cours et j'ai expliqué à un local avec qui je préparais un *okonomiyaki* qu'il était trop tôt pour le retourner ET… il était effectivement trop tôt pour le retourner.

En ce qui concerne la santé, *je comprends* (vaguement) *les risques et je les accepte.* Je n'ai toujours pas la moindre idée de mon degré d'exposition aux radiations mais je suis allée à la plage (deux fois) et j'ai mangé autant de sushis que mon budget me l'a permis. Je peux maintenant dire qu'irradié ou non, ma préférence va à l'*engawa*[41].

Du coup, entre les orgies de sushis, de *tempura* et de *karaage*, est-ce qu'on mincit vraiment au Japon ? Honnêtement, je n'ai aucune certitude là-dessus. Le fait est qu'à Tokyo, une foule de restaurants offre la possibilité de faire un vrai repas

41. L'*engawa* (えんがわ) est le sushi tiré des côtés du flet. Sa chair est blanche, sa texture est fondante et son goût rappelle celui de l'huile de foie de morue.

équilibré, très bon, pour moins de cinq euros. Je ne connaissais pas mon poids initial mais depuis que j'ai découvert une balance dans ma résidence, j'ai oscillé entre 44 et 47 kilos, dans une moyenne inférieure à 45 kg. Mon indice de masse corporelle se situe donc autour de 20. C'est sûrement bien et le bénéfice en revient aussi à la *rajio taisō*[42], la gymnastique à laquelle ma télévision et moi nous astreignons tous les matins.

Un mystère de mon quotidien est d'avoir jusque-là échappé à un accident de vélo. Le cycliste est le roi du trottoir, il frôle les passants avec une confiance complètement injustifiée considérant ma tendance aux déplacements irrationnels. En prévision du moment où l'un d'entre eux me rentrera dedans, je vais tous les mois payer les 1 290 yens (environ neuf euros) de mon assurance santé – publique – au *konbini*. Et l'expérience me paraît suffisamment exotique pour ne rien trouver à y redire.

Je ne regrette qu'une chose : cette sensation que le pays n'a pas besoin de nous, les *gaijin*.

42. La *rajio taisō* (ラジオ体操 en français, *exercice radio*) est une séquence de gymnastique rythmique diffusée quotidiennement sur la radio et la télévision NHK. Du point de vue de la mise en scène comme de la mélodie d'accompagnement, le programme est une merveille de kitsch.

Peut-être est-ce dû à l'usage continuel d'un anglais et d'un français approximatifs (le fameux et délicieux *franponais*) qui semble dire que l'usage correct de ces langues reste du domaine de l'accessoire. Dans le pourtant très touristique Golden Gai[43] à Shinjuku, je suis tombée sur un bar qui annonçait en anglais : *Étrangers, vous êtes les bienvenus si vous parlez japonais.*

Voulant vérifier que j'avais bien ma place ici, j'ai alors considéré que je devrais être en mesure de ne vivre que de mes rentrées d'argent. Pendant plusieurs mois, j'ai scrupuleusement surveillé mes dépenses, me conduisant à faire des repas dont le prix tournait autour d'un euro. Je n'ai jamais eu une âme de cuisinière et je me suis retrouvée à préparer des bols de soba agrémentés de sésame, d'algues, de wasabi et/ou de *nattō*[44]. Des ingrédients locaux, certes, mais pas toujours censés se

43. Institution de la nuit tokyoïte et ville fantôme en journée, *Golden Gai* (ゴールデン街) est un enchevêtrement de quelques rues étroites au cœur de Shinjuku. Ces vieilles bâtisses abritent une infinité de bars minuscules et sont régulièrement menacées de destruction, notamment dans la perspective des Jeux olympiques de 2020.

44. Préparation à base de soja fermenté gluante, filante et odorante, le *nattō* (納豆) est un incontournable de la gastronomie nipponne (auquel les néophytes sont généralement réfractaires).

marier, amenant les autochtones à ouvrir de grands yeux à l'évocation de mes expérimentations. J'ai perdu du poids (un peu trop vite). Sans doute, ressemblais-je aux serveurs de ces restos bobo-bio parisiens dont les traits émaciés et le teint cireux contrastent avec les aliments multicolores dans les assiettes de la clientèle. Depuis, ça va mieux, j'ai réintroduit les calories inutiles dans mon alimentation.

Après avoir tiré le diable par la queue, mon emploi du temps commence à se remplir. Je travaille quasiment tous les jours et je peux sortir sans trop m'inquiéter de mon budget. Au restaurant, la qualité est la règle. À partir de là, différents degrés de finesse peuvent être atteints. Les prix varient du simple au quintuple pour une différence de qualité que je ne suis, par chance, pas vraiment en mesure d'apprécier. Je vis donc – correctement – avec des revenus mensuels tournant autour de 900 euros (desquels je déduis les 500 euros de loyer pour les 9,7 m^2 de ma cellule en *gaijin house*[45]). Mais je triche : mon forfait

45. Parce que trouver un logement est un défi particulièrement complexe pour l'étranger (ce dernier devant justifier d'un garant et s'acquitter de nombreux frais annexes), la *gaijin house (maison d'étranger)* est souvent la solution par défaut adoptée à son arrivée au Japon.

téléphonique est encore prélevé sur mon compte français et les cadeaux que j'ai pu faire pendant la période ont été payés avec ce même argent. Je n'allais pas pousser le vice à choisir entre offrir Mario Kart 8 à mon neveu pour son anniversaire et me nourrir pendant deux semaines. De toute façon, la carte obtenue par défaut à l'ouverture d'un compte à la banque postale japonaise ne permet que les retraits.

À côté de mes activités de figuration, j'ai cherché à faire ce que je sais faire : donner des cours de langue. Depuis mars, j'ai rencontré une trentaine de personnes souhaitant étudier le français ou l'anglais et je continue à en voir la moitié. Généralement, le premier cours particulier est gratuit. Même si je trouve l'idée discutable, je me suis un moment pliée à la règle… jusqu'à ma rencontre avec Kentarō, un trentenaire qui souhaitait pratiquer son anglais. Problème : après m'avoir expliqué ne s'intéresser ni à la grammaire ni à la culture, il a passé l'heure à se frotter l'entrejambe avec plus ou moins de discrétion. Depuis cette longue, très longue heure, mon cours d'essai est passé à 1 500 yens et je n'ai plus eu de mauvaises surprises. Les débuts ont été difficiles. Comme la plupart des sites de mise en relation professeurs/élèves demandent énormément d'informations étranges, il est difficile d'identifier où le bât blessait. Était-ce le fait que je sois verseau ? Mon 1,50 m ? Ma couleur préférée ? Mes trente ans ? Mon groupe sanguin ? Mes hobbies ? Mon film préféré ? Je me suis posé beaucoup de questions mais progressivement la situation s'est améliorée, sans avoir eu besoin de prétendre avoir vingt-cinq ans et adorer *Frozen.* Je donne un peu plus d'une dizaine de cours par semaine et, comble du bonheur, mes élèves m'écrivent des messages poétiques et m'offrent des trucs à boire et à manger.

À côté des cours, il y a aussi l'animation de conversations dans un café de langue (il s'agit en fait d'une salle avec tables, chaises et deux variétés de thé à disposition des clients). À raison de trois heures et demie par session, je suis amenée à exercer mon anglais avec des inconnus sur des sujets divers et, cédons une nouvelle fois au jeu de mots discutable, avariés. L'exercice est pénible même s'il m'arrive de passer un bon moment et d'entendre des histoires improbables. Ainsi l'un d'eux, *Roppongi King,* nous a expliqué s'être fait jeter par sa copine pour cause d'incompatibilité de groupe sanguin. Le fait d'appartenir au groupe B le rendrait par ailleurs plus à même de voir les fantômes. Gamins, celui de son père leur a rendu visite, à son frère et à lui. Ils ont eu très peur mais après avoir apporté une obole au temple, ils ne l'ont plus jamais revu. *All is well that ends well.*

J'ai longtemps pensé que, plein de son insularité, le pays du Soleil-Levant était le lieu où les clichés se vérifiaient immanquablement. Pourtant, même s'il est riche en contrastes (mais quel pays ne l'est pas ?), je commence à entrapercevoir les nuances. J'observe des petites incivilités presque rassurantes et je vois des Japonais bien plus ouverts sur le monde que je ne le serai jamais. Cette dernière affirmation me coûte d'autant moins que je ne saurais me placer en modèle d'ouverture. Ma compréhension de la société n'en est qu'à ses balbutiements, je commence à penser à mon avenir. Si ma précarité est encore acceptable, il n'est pas raisonnable d'en faire un mode de vie sur le long terme. Le fait est que je crains de ne plus pouvoir être heureuse à Paris. Certes, l'hypothèse de m'installer ici et de devoir renoncer à ce qui commence à me manquer (les dimanches en famille et mon abonnement UGC illimité) provoque une angoisse sourde. Mais je sais que je suis là où je veux être, même si c'est une île et qu'elle est un peu loin.

Lis l'ambiance et tais-toi

Dimanche 31 août 2014

Comme je suis encore embarrassée d'idées reçues dont je ne sais que faire, j'ai jusque-là cantonné mes réflexions à des sujets futiles pour lesquels les erreurs d'analyse restent sans conséquence : les toilettes et les *love hotels*. Je ne prétends pas être intégrée et il est probable que je ne le serai jamais. Encore faut-il que je détermine ce qui scellerait mon intégration : être en mesure de tenir une conversation en japonais ? Être invitée chez des Japonais ? Recevoir tous les mois des fiches de paye japonaises ? Allier les trois serait un bon début et nous n'en sommes pas là. Parce que aller vers les gens me coûte, j'ai eu tendance à reporter la tâche *sine die*. J'ai donné priorité à l'administratif puis à la procrastination et il a fallu attendre plusieurs mois pour que je décide de sortir de ma coquille. Saisie par l'intuition que ce n'est pas en prenant des clichés exotico-*kawaii* que je vais comprendre la société du Soleil-Levant, j'ai entamé mon travail de socialisation.

Ici, la communication non verbale est essentielle. Avant même d'avoir accès à la langue, il faut se familiariser avec ses codes et en premier lieu, la gestuelle : hochement de tête, courbure du torse plus ou moins prononcée, etc. J'ai encore du mal avec certains mouvements que je juge infantilisants : avant-bras en croix pour la négative ou l'interdiction, souvent assorti d'un *dame !* que je traduirais par un *pas bien !*; le doigt pointé en l'air indiquant un élément auquel il faut prêter attention ou encore les vibrants bruits de succion supposés confirmer que l'on apprécie ce que l'on mange. Non, je ne m'y fais pas. Par contre, de la même façon que les modulations de ma voix quand je parle japonais me surprennent, il m'arrive d'emprunter certaines attitudes à mes élèves. On peut donc parfois me voir l'air pensif, la tête légèrement inclinée sur le côté, l'index sur le menton et les yeux en l'air pour faire savoir à mon interlocuteur que je suis en train de réfléchir. Bientôt, je compterai en posant les doigts de ma main gauche dans la paume de ma main droite.

Je me familiarise aussi avec les *aizuchi,* ces interjections qui font que votre interlocuteur acquiesce à un rythme régulier pendant que vous exposez votre point de vue. Il peut ne pas être d'accord, il vous montre juste qu'il vous écoute et qu'il comprend votre raisonnement. Dans le cas d'une conversation en anglais, ses interjections peuvent simplement signifier qu'il est attentif à votre flot de paroles mais il peut tout aussi bien ne pas avoir compris un traître mot de ce que vous venez de dire. Le Japonais et le Français ont en commun d'être fâchés avec les langues étrangères.

De mon côté, je m'entraîne à ponctuer mes phrases de la manière la plus juste :

Oishii, ne? → C'est délicieux, hein ?
Oishii, yo! → Putaing, c'est trop bon[46] !

46. S'il faut le préciser : il s'agit d'une traduction libre et donc partiellement correcte.

Dans les commerces, j'ai également été confrontée au *hai!*, affirmation expéditive répondant à une réplique inadéquate. Le caissier me pose une question que je ne comprends pas, sur quoi je tente un *pardon?* et lui de clore l'échange sur un *d'accord!*, lancé sans même me regarder. Le lendemain, c'est la serveuse à qui je tends un billet de mille yens qui initie le dialogue suivant:

Elle, tellement polie que son affirmation sonne comme une question.

« Mille yens. »

Moi, tellement fatiguée que je crois comprendre qu'elle me demande si je n'ai pas de monnaie.

« Non, désolée… »

Temps de pause.

« D'accord! »

Peut-être est-ce pour éviter à l'interlocuteur de perdre un peu plus la face ou parce que l'échange est tellement codifié que peu importe ce qui se dit, seule compte la chorégraphie.

Francesc, un ami barcelonais envoyé à Tokyo par son entreprise et inquiet à l'idée de ne pas pouvoir y trouver la femme de sa vie, évoquait une certaine immaturité de la gent féminine. Ce n'est qu'en creusant avec les uns et les autres qu'est apparu le point suivant: ici, il est très mal vu de contredire son interlocuteur. Parler de la pluie, du beau temps et des vêtements que l'on envisage d'acheter permet de limiter les risques de dérapage. Hiroki, vingt-huit ans, me raconte qu'enfant un de ses professeurs qui le trouvait un peu trop impertinent l'a gentiment pris entre quatre yeux pour lui expliquer qu'aller dans le sens de son interlocuteur est une vertu. Natsumi, une de mes élèves, résume la situation en utilisant cette image populaire au Japon : sur une ligne de piquets, si l'un dépasse, il faudra taper dessus pour qu'il s'aligne avec les autres. La quarantaine bien entamée, une cliente du café de langue pour lequel je travaille expliquait un jour à ma table qu'outre l'intérêt de pratiquer son anglais, fréquenter ce type d'endroits lui permet d'exprimer ses opinions plus librement qu'elle ne ferait avec ses propres amis.

En France, échanger bruyamment sur des sujets polémiques sera considéré comme la saine manifestation d'un bel esprit, voire d'une franche amitié entre contradicteurs. Ayant vécu quelques mois à Strasbourg, Miki, infirmière trentenaire, m'expliquait qu'au milieu d'un groupe de Français, elle ne parvenait jamais à s'exprimer. Tenter d'imposer son avis la met mal à l'aise alors que nous n'hésitons pas à disserter en long, en large et en travers sur nos sentiments et points de vue. Miki constate là deux conceptions antagonistes de la société, la première mettant en avant l'individu, la seconde privilégiant l'harmonie au sein du groupe. Cette dernière prime sur l'opinion individuelle. Préservation de l'équilibre, retenue et souci permanent de ne pas heurter les sentiments d'autrui, voilà la Sainte Trinité de la communication à la japonaise. Même si entre amis proches, les échanges peuvent être un peu moins policés et que les choses tendent doucement à évoluer au sein des jeunes générations. La marge de manœuvre qui s'ouvre alors repose sur la dernière compétence à maîtriser : le *kuukiwoyomu*, la capacité à *lire l'atmosphère* ; autrement dit, l'aptitude à comprendre les non-dits et à agir en fonction. La problématique est complexe et plusieurs décennies ne seraient pas de trop pour en comprendre les tenants et les aboutissants. Dans le doute, abstiens-toi et acquiesce.

… Et j'ai offert des friandises de Fukushima à mes hôtes

Jeudi 4 septembre 2014

La journée est à marquer d'une pierre blanche: je suis conviée à déjeuner chez des Japonais. Je ne sais toujours pas comment c'est arrivé tant on me l'a répété: les Nippons ne reçoivent pas chez eux. Ils se retrouvent dans les *izakaya* où ils boivent jusqu'à potron-minet mais, sortis du cercle familial, ne s'invitent pas les uns chez les autres.

J'ai bien essayé d'avoir des explications. À côté du *Chez nous c'est petit…* à quoi il m'aurait fallu répondre *prends les dimensions d'un studio parisien, compte le nombre de personnes que l'on y fait tenir en soirée et reviens me parler de tes problèmes d'espace.* Non, la meilleure explication reste *qu'on ne veut pas embêter les voisins.* Là, j'ai réalisé que le Français est un malotru lavant sa conscience d'un Post-it qui annonce en substance : « Cher loser qui n'a rien de prévu samedi soir, dans les heures à venir nous allons faire du bruit et ça risque de t'empêcher de regarder la télé. Mais comme tu es prévenu, épargne-toi de venir te plaindre. Tu peux à la rigueur ramener une bouteille et essayer de profiter de la soirée. »

Je suis invitée chez la sœur de Kōji. Kōji est un jeune chef à qui j'enseigne le français parce qu'il souhaite poursuivre sa formation dans l'Hexagone – il est particulièrement intéressé par les liens entre l'industrie du parfum et l'utilisation des aromates. C'est aussi un garçon qui se mettra en quatre pour faire plaisir et dont la sœur a, paraît-il, très envie de me rencontrer. Nous allons donc déjeuner chez Saori où il a prévu de cuisiner. Setagaya est à une demi-heure de bus de Shibuya et j'habite à une demi-heure de métro de Shibuya. Faites le calcul : je suis une aventurière du quotidien.

Ayant vu sur mon fil d'actualité Facebook que le Ricard est l'accessoire tendance de l'été japonais, j'ai en tête de leur en apporter une bouteille. Pas de chance, le chic marseillais n'a pas séduit le magasin dans lequel je me trouve. Le choix en matière de boissons alcoolisées se résume à du Ballantine's et à quelques bouteilles de vin dont une de *Bon Marché* [*sic*]. Ce nom m'inspire autant que La Villageoise et j'ai épuisé mon quota aventure pour la journée, j'opte pour un dessert. J'hésite un moment entre une boîte décorée – et remplie – de petites poules et un assortiment plus sobre de bouchées fourrées d'*anko* à la belle couleur lie de vin. Les secondes ont l'air délicieuses et je suis adulte : merde aux cocottes mignonnes.

Satisfaite de mon achat, j'arrive un quart d'heure en retard à Shibuya où m'attend Tsutomu, le mari de mon hôte. Je déteste être en retard mais je ne juge pas nécessaire d'expliquer que c'est à cause d'un conflit entre des poules et mes velléités de faire des choix d'adulte. La maturité, ça aurait été d'arriver à l'heure.

Dans la voiture, au-dessus du GPS, une mini-télé diffuse une émission de divertissement. Je suis intriguée : notre chauffeur parvient-il à conduire en regardant l'écran ?

« Parfois.

— Ah. »

Découvrant le domicile des Kuboyama, je suis soulagée de constater que l'endroit est vivant : la table n'est pas tout à fait mise, quelques jouets jonchent le sol de la petite salle à manger et Saori ne m'attend pas engoncée dans un kimono inconfortable.

« Fais comme chez toi ! » me lance Kōji avant de rejoindre sa sœur en cuisine.

À vrai dire, je m'attendais à plus de cérémonie, de courbettes et de malaise. Je me retrouve dans le salon à jouer avec Tsutomu, Jin, leur fils, et Gombo, la chienne, deux ans à eux deux. Moment de remise en question : Tsutomu crie quelque chose et Gombo court chercher une balle qu'elle lui rapporte. Je ne souhaite à personne de passer à côté d'un message que même un chiot comprend.

Je découvre qu'en plus de l'appareil photo et de l'agenda, le smartphone factice de Jin dispose d'une application magie noire. Ça se confirme : les Japonais savent *vraiment* s'amuser.

Tsutomu reparti au travail, encouragé par l'*itterashai*[47]*!* de sa femme, nous nous installons à table. Comme Kōji s'absente régulièrement pour préparer une farandole de plats délicats, je discute avec sa sœur qui me pose de nombreuses questions. Je me plie poliment à l'exercice. Elle est un peu surprise lorsque, souhaitant savoir ce que ma mère me préparait pour le goûter, je lui réponds *rien*. J'ajoute que par contre ma grand-mère, elle, me faisait des crêpes et du pain perdu. L'honneur de la France est sauf. Eux, ils mangeaient du *nikujaga*, un mijoté de viande et de pommes de terre, qui s'avère être un classique de la cuisine familiale.

Je suis un peu plus embêtée quand elle me demande si je veux des enfants. Il y a peu de chance qu'elle ait lu l'article de Rue 89 intitulé *Être mère et le regretter : « Je me suis fait un enfant dans le dos »* qui, la veille, a illuminé et perturbé ma journée. Il est d'autant plus compliqué d'évoquer mes angoisses alors qu'elle-même y fait peut-être face au

47. Que l'on pourrait traduire par un : *Pars et reviens (vite)!*

quotidien. Je résume en disant que je ne suis pas sûre d'en être capable.

Arrive l'heure du thé, Saori me redit combien elle aime les *manjū*. Je réalise que ce que j'avais pris pour une tentative maladroite de glisser un mot de français désigne en fait les pâtisseries que j'ai apportées. Nous les goûtons et, je m'entends, lyrique, disserter sur l'accord parfait entre le vert du thé… vert et le rouge sombre de l'*anko* qui, sur sa coupelle bleue, est encore plus beau. Je regrette un instant de ne pas avoir Instagram afin d'immortaliser la scène embellie d'un filtre photo fanée. Mes hôtes saluent mon choix ; je suis heureuse. J'en prendrais bien un deuxième.

Examinant l'emballage, Kōji s'exclame soudain : Fukushima !

Oh. Merde. Fukushima.

Jusqu'ici, tout se passait bien : Saori m'avait complimentée sur ma robe, ils avaient ri à ma lecture de *Inai, inai, ba* (Coucou, qui est là ?) le livre que Kōji m'avait mis entre les mains, nous avions parlé de *Seitōshi Seiya (Les Chevaliers du Zodiaque)* et de *Maple Town Monogatari (Les Petits Malins)*…

… Et j'ai ramené des *manjū* de Fukushima.

Embêtée et inquiète, je tente un : « Et euh… Ça va ?

— Oui, oui, notre grand-mère habite à Fukushima !

— Ah… »

Ils ne semblent pas plus émus que ça. Moi, je me dis qu'un seul petit gâteau, c'est peut-être mieux pour ma ligne. J'ai quand même besoin de comprendre : *Mais… euh… votre grand-mère, elle va bien ? Vous allez la voir ?* Oui, oui, elle va bien. Avec la sobriété de son anglais balbutiant, Saori se contente de me dire que le problème avec Fukushima, c'est que ça va durer longtemps. Là-dessus se referme la parenthèse catastrophe nucléaire.

Alors que nous nous quittons, Saori m'offre un assortiment de biscuits GOÛTER de ROI. Très touchée, je me retiens de lui dire tout le mal que je pense des responsables du marketing de la marque qui, sans foi ni loi, parviennent à vendre des microbiscottes au sucre et au beurre comme le symbole du raffinement français. En chemin, je repense à cet homme qui m'avait expliqué habiter à Fukushima *mais pas dans la zone contaminée.* Fukushima, ça veut dire *île de la chance.* Je me dis que dans un univers parallèle, des gâteaux de l'île chanceuse, ça aurait été le cadeau parfait. Mais dans un univers parallèle, il y a aussi un roi qui mange des biscottes au sucre et au beurre et Satan attend mon coup de fil.

Douze heures dans les rues d'Asakusa

Dimanche 7 septembre 2014

Asakusa, c'est là où je vis, dans une petite rue en face d'un *love hotel*: le *Sting* (*Sutingu* en katakana). J'aime l'endroit, j'aime ses rues calmes. J'aime aussi l'enfilade de boutiques de souvenirs, forcément *cheap*, de la Nakamise qui mène au Sensō-ji, le plus vieux temple bouddhiste de la capitale.

Asakusa n'est pas ce que j'attendais de Tokyo. Avant d'y atterrir, tout ce que je savais c'est que je ne voulais pas d'un appartement donnant sur les néons de Shinjuku ou sur le carrefour de Shibuya. Je cherchais un endroit tranquille mais pas excentré, correctement relié aux points névralgiques de la ville. Et j'ai trouvé. En sortant de chez moi, on tombe sur un passage couvert qui abrite un maraîcher, un *konbini*, quelques restaurants et cafés sombres. Mais on peut aussi marcher jusqu'à Ueno et Akihabara ou rejoindre Shibuya en une demi-heure depuis la *Ginza line.*

L'intérêt de passer douze heures dans ses rues ? Peu importe. Plus exactement, il n'est pas nécessaire de déterminer un but à l'avance. Mon regard va balancer entre celui de la touriste et celui de la locale et que ça fait partie du jeu. Il est 5 heures du matin et depuis mon lit, j'entends tomber la pluie. Faire cette expérience fin août signifie ne pas traîner dehors par 35 °C. Je réalise que ça veut aussi dire affronter la seconde saison des pluies, l'*akisame (*秋雨*, pluie d'automne).* Mais la perspective d'être dehors à une heure indue, avec la satisfaction de faire un truc qui ne rime à rien, m'aide à me mettre en mouvement.

5h20, il pleut. Je croise un cycliste et un type qui promène son chien. Je regrette de ne pas pouvoir profiter pleinement du petit jour parce qu'au pays du Soleil-Levant, l'aurore est spéciale : elle surprend une ville hyperactive encore endormie, et le moment est un peu irréel. Mais aujourd'hui, mes pieds sont mouillés et le ciel sombre. Non, la poésie n'est pas au rendez-vous.

Je passe devant le *pachinko* Sunshine. Très populaire et d'une légalité toute relative, le *pachinko* est une institution diabolique. Colorées, clignotantes, ces machines à sous qui ne disent pas leur nom sont alignées dans des complexes assourdissants et, au sens premier du terme, abrutissants. Je ne suis personnellement pas en mesure d'en justifier l'attrait. Il est pour l'heure fermé et son gigantesque écran publicitaire – qui vante ces derniers jours les qualités d'une troupe de prestidigitateurs japonais *from Las Vegas* – est éteint.

Même si sous leur parapluie les gens sont plus volumineux, la rue est quasiment déserte.

5h30, deux jeunes femmes joyeusement avinées courent entre les gouttes. Elles défient la gravité à chaque mouvement hasardeux de leurs quinze centimètres de talon. *C'est par là, hein!* À la traîne, un couple d'amis un peu moins éméchés rigole gentiment.

5h40, j'arrive dans l'un des principaux passages commerçants d'Asakusa, peuplé la nuit de sans domicile fixe installés dans leurs cartons-lits. Quelques-uns sont encore endormis, sourds au passage des premiers camions de livraison. Je retrouve les autres au McDonald's. Courbés, émaciés et le regard perdu, chacun à sa table, ils ont pris possession du rez-de-chaussée. Je commande un café glacé et vais m'asseoir à l'étage. La population y semble plus hétérogène : une jeune femme apprêtée dort en attendant le premier métro, beaucoup lisent le journal.

6h15, alors que je suis absorbée par la programmation musicale, un tonitruant *Ohayō!* me tire de mes réflexions. Levant les yeux, je vois trottiner l'un des emblèmes du quartier, une SDF-*kogaru* toujours lourdement maquillée. Je la soupçonnais jusque-là d'être muette tant son air hagard donne l'impression que ce corps sec n'est plus qu'une coquille vide. À son *Bonjour!* lancé à la cantonade – ou à un ami sourd, je ne suis pas sûre –, elle ajoute quelques mots à l'adresse d'un client et va s'asseoir seule. Arrive la seconde figure du quartier, une dame d'une soixantaine d'années que j'ai mis plusieurs semaines à identifier comme appartenant au clan des sans domicile. Après quelques minutes, la *kogaru* se lève. Il est 6h21 et je fais de même. La population du rez-de-chaussée n'a pas bougé. À la caissière qui me remercie de ma visite, je me retiens de répondre le *C'était un délice!* de rigueur quand on quitte un restaurant ou un bar. Un sourire gêné fera l'affaire.

6h27, dans une chaîne de restauration de grillade, un jeune couple partage un repas arrosé d'un cocktail fluo, je leur laisse.

Le Sensō-ji est déjà actif. Il est possible de prier, de faire des vœux en lâchant 100 yens pour un *omikuji (loterie sacrée)* et de se purifier avec l'encens qui fume déjà. Mais comme il pleut et qu'il n'est pas encore 7 heures, le public n'est pas au rendez-vous.

6h52, revoilà l'entrée du passage qui conduit chez moi, la journée s'annonce longue.

Bravant la pluie, une dizaine de personnes fait la queue devant le WINS, le PMU japonais.

Il n'ouvrira qu'à 9 heures mais qu'à cela ne tienne : l'avenir appartient à ceux qui se lèvent tôt.

7h20, au Don Quijote, ils ont une nouvelle boisson au citron et au miel. En soi, l'idée n'est pas terriblement séduisante mais il y a un arc-en-ciel et des abeilles dessinés sur la mini-canette, j'en ai besoin.

Assise sur la banquette du premier étage, je tombe sur celle que j'ai identifiée comme la deuxième figure des sans-abri du quartier. Elle tient à me donner une poignée – une grosse poignée – de gâteaux secs. J'en mange un et lui dis qu'il est délicieux, c'est une des seules phrases que je maîtrise dans sa langue. Elle me pose des questions que je ne comprends pas. J'essaye quand même de faire la conversation, je lui dis que je suis Française, que j'apprends le japonais mais que c'est difficile. *UNN !*, elle acquiesce. Fin de l'échange. Une minute plus tard, elle se lève et s'en va. Je lui dis à bientôt mais elle ne fait déjà plus attention à moi. Je me retrouve seule, une poignée de biscuits en vrac dans mon sac en toile. 7h29, l'heure d'aller regarder les vidéos de présentation des produits de régime à quelques pas de là.

Un groupe d'amies papote autour d'une tasse de thé anglais. Une jeune fille en blouse blanche apparaît au coin de l'écran. Elle leur explique des choses sûrement très intelligentes parce qu'elle porte des lunettes et un bloc-notes. Nous découvrons un état des lieux avant/après chiffré de chacune des buveuses de thé et la démonstration se termine sur le clip musical de quatre jeunes femmes au décolleté profond et aux qualités vocales discutables. La boîte de pilules est à 1 380 yens, je m'en veux de passer à côté d'une si bonne affaire.

7h53, je quitte le Don Quijote avec ma canette et des chocolats à la noix de macadamia pour ma nouvelle amie. Le quartier étant quadrillable en quelques dizaines de minutes, je ne me donne pas une heure avant de la recroiser.

7h57, sans surprise, le mélange miel-citron n'a rien d'extraordinaire. Les balayeurs sont dans la rue, les premiers touristes français aussi. On reconnaît la Française à son air blasé et au fait qu'elle ne finit pas sa boisson miel-citron, même s'il y a un arc-en-ciel dessiné dessus. Les boutiques sont encore fermées mais il ne pleut plus. Je passe prendre un café glacé à emporter au McDonald's tout proche. Je remarque deux bacs contenant les objets perdus par les enfants. C'est plutôt mignon, ce qui l'est moins c'est de les avoir triés par couleur. Au cas où vous auriez un doute : votre petit garçon a oublié sa figurine verte, votre petite fille a oublié son chouchou rose.

À défaut d'autre option, je décide d'errer sans but.

8h43, le WINS n'est pas encore ouvert mais c'est déjà un peu le bordel. Ceux qui étaient là à 6 heures n'ont pas bougé mais autour d'eux sont venus se masser plusieurs dizaines de joueurs et des agents de sécurité faisant des annonces par mégaphone.

9h21, le WINS fourmille, il m'appelle.

À l'exclusion du bip-bip des machines et de l'escalator qui demande de faire attention, on n'entend que le bruit des journaux que l'on froisse. Pas de demi pression mais un type se balade, le regard dans le vide, avec sa canette 500 ml de Chu-Hi Lemon Strong[48]. L'univers de notre PMU me paraît tout à coup plein de charme. Je ne comprends pas

48. Le *Chu-Hi* ou *chūhai* (チューハイ) est une boisson alcoolisée très populaire à base de soda et de *shōchū* (焼酎), une liqueur distillée, le plus souvent à partir de riz, d'orge ou de sarrasin.

grand-chose de ce qui se passe mais je rejoins le flot de casquettes et de cannes en direction de l'escalator. À l'étage, il y a une trentaine de distributeurs de tickets à 100 yens et un type en uniforme juché sur un escabeau. Je lui demande si je peux prendre des photos, descendu de son estrade, il me fait signe que non, *dame desu*. Tant pis, je ferai sans autorisation. Je suis l'une des seules femmes, probablement la plus jeune et visiblement la seule Occidentale. Inutile de dire que je dénote. Et les Japonais d'habitude si discrets n'hésitent pas, pour certains, à me dévisager. L'odeur me rappelle mon grand-père. Mon grand-père sentait donc le vieux. Il faut que je sorte.

À l'extérieur, je retrouve ma nouvelle amie captivée par l'un des écrans du bâtiment. J'attire son attention et lui tends ma boîte de chocolats. Elle recule, fait de grands gestes de dénégation et crie quelque chose que je ne comprends pas. Bref, elle n'en veut pas de mes chocolats. Elle s'éloigne en me faisant un dernier signe de tête, probablement pour me signifier que le dossier est clos. Un peu perturbée, j'en goûte un, il est très bon. Cette brave dame n'y connaît rien.

10 heures, ouverture des *pachinko* environnants, le type à l'entrée du Pandora accueille

les joueurs qui faisaient la queue d'un *gosai-maaaaasu* culminant dans les aigus. J'ai besoin de plus de chocolat.

10h20, je me souviens que je dois acheter un disque dur portable en prévision du moment où je renverserai ma tasse de thé vert sur mon ordinateur. Il est donc l'heure d'aller au magasin d'électronique de la gare d'Asakusa. Je sais la plupart des vendeurs tétanisés à l'idée de parler anglais et aucun ne croise mon regard malgré leur *irasshaimase*[49] mécanique. Créer le besoin : je réalise qu'il me *faut* une liseuse et un appareil photo. Une demi-heure plus tard, je quitte les lieux sans avoir rien acheté, bêtement excitée.

11h09, le premier artiste de rue s'est installé. Son truc, c'est de peindre des croûtes mystiques à la bombe et au rythme d'une sélection musicale alternant entre le putassier et le grandiloquent. Au menu : des planètes, des étoiles et un public captivé.

11h26, je croise à nouveau le chemin de celle qui n'aime pas les chocolats. Comme j'ai

49. いらっしゃいませ en VO, *bienvenue* en VF.

peur qu'elle me crie dessus, j'évite son regard et j'en ai honte. Il me faut quelque chose de réjouissant. Je vais donc déjeuner d'une portion d'*udon* et de *tempura* de pieuvre dans l'un des restaurants les plus agréables du quartier. Il est tout en pin et ses immenses baies vitrées permettent aux clients d'observer la rue. Un air de jazz rétro en fond sonore discret, il flotte un léger parfum de citron. Je lorgne sur la commande de mon voisin : un magnifique beignet de légumes émerge de son bol et j'ai la certitude que le goût est à la hauteur de l'expérience visuelle. Mon propre bol vidé, je quitte l'endroit d'autant plus à regret que dehors les vieillards hagards attendent toujours – mais quoi ? – devant le WINS.

13 heures, Les *véhicules à force humaine*[50] sont arrivés. Boutiques de souvenirs, artistes de rue, pousse-pousse, touristes : tout est en place. Après mon troisième café glacé – cette fois acheté au *konbini* et payé avec mon Pasmo, l'équivalent du Navigo parisien –, je décide d'aller marcher le long de la rivière Sumida. Des touristes en jupe courte prennent des

50. *Jinrikisha* (人力車, *véhicule à force humaine)* est le terme japonais désignant les pousse-pousse.

poses *kawaii* devant la statue d'un gros chat, lui-même *kawaii*, au second plan un sans-abri dort dans la position de l'étoile de mer. Personne ne semble le remarquer.

13h40, si se promener au bord de la rivière reste très agréable, au détour d'un massif de fleurs, un autre vieillard est profondément endormi. Je ne suis même plus surprise. Est-ce le café ? J'ai un peu envie de crier et de rentrer me terrer chez moi.

15 heures, me voilà attablée au café avec Kōji numéro 2. Un nouvel élève de quarante-sept ans qui signe ses mails *Unrivaled, Sans égal*. C'est, paraît-il, son surnom et ça ne colle pas avec son air doux de non-compétiteur. Mais après tout, pourquoi pas : sans compétition, pas de rival. Kōji adore le Moulin Rouge, le Perrier, Paris et le Mont-Saint-Michel. S'il m'avait dit aimer Nice et les macarons, j'aurais crié au carton plein.

Il est visiblement nerveux et les gens nerveux provoquent en moi une sorte de neurasthénie-réflexe. Mon débit de paroles se ralentit et ma prononciation se fait encore un peu plus forcée. Je crois qu'inconsciemment je m'adresse à leurs neurones miroirs et, soyons honnête, ça ne marche pas toujours. Mon attention se porte sur son t-shirt *Marathon de Gérardmer* et malgré mes trois cafés, je suis sur le point de m'endormir.

16h27 : À quelques pas du toujours très actif WINS, l'artiste mystique remballe ses croûtes et un type fait tourner un diabolo sur son doigt. Malheureusement, le public n'est pas au rendez-vous.

Le soleil que l'on n'a pas vu beaucoup commence à décliner. Je repense à ces trop nombreuses fois où j'ai déclaré la bouche en cœur que, *oh mais non, au Japon, il n'y a pas de sans-abri* et ma *kogaru*, assise impassible, m'en impose plus que jamais.

Douze heures dans l'Electric Town d'Akihabara

Mardi 16 septembre 2014

Incitation au divertissement criard, Akihabara représente par certains aspects le pire de la culture nipponne. Son *Electric Town*, c'est d'abord la Chūō-dōri le long de laquelle s'enchaînent plusieurs dizaines de magasins d'électronique, une dizaine d'immenses *game centers* et plusieurs dizaines de *maid cafés* et autres cafés à chats, ninjas, catins-câlins, etc. Les déclinaisons semblent sans fin. On arrive intrigué et si l'amusement cède parfois le pas à la désolation, on repart avec des figurines que l'on découvre absolument indispensables. Ayant perdu tout recul, j'ai fini par sincèrement aimer l'endroit.

Il est 6h20 quand je quitte Asakusa. Les poubelles et une poignée de piétons sont dans la rue. Seuls les *konbini* et le Don Quijote fonctionnent. Je suis au pays du Soleil-Levant et j'aime ce moment de plein jour un peu mort. Ça tombe bien, j'ai quarante-cinq minutes de marche devant moi pour en profiter.

7h04, le long des rails de la ligne Yamanote qui relie les quartiers d'Ueno et d'Akihabara, je devance une jeune femme souffrant de rachitisme. C'est une des premières choses qui m'ont frappée dans ce pays : le nombre de personnes, généralement âgées, ayant les jambes arquées. Je n'ai trouvé que peu d'articles sur le sujet, alors qu'ici le problème est courant, voire banal.

7h10, j'arrive à la station JR d'Akihabara. Sans surprise, seuls le Vie de France et quelques autres chaînes de café sont ouverts. J'achète un *onigiri* thon cru-wasabi au premier *konbini* venu. Les employés de bureau sont en marche, je suis la seule touriste.

7h27, je longe la Chūō-dōri. Les stores sont baissés et de nombreux camions circulent (le dimanche, l'axe est fermé à la circulation). Je trouve le Don Quijote du quartier fermé. *Electric Town* vit au rythme des *games centers* et des magasins d'électronique, généralement ouverts entre 10 heures et 23 heures. Passé minuit, Akihabara devient une ville fantôme. S'y aventurer à une heure tardive, c'est risquer de se confronter à… rien.

8h13, dans une petite rue, le premier distributeur de boissons chaudes que je trouve depuis le début de l'été est un distributeur de soupes *ramen* en canette. Et ils ont poussé le raffinement jusqu'à disposer des petites poupées en tissus dans la vitrine. Plus de doute, ce pays est la patrie du merchandising.

10h05, les inévitables touristes français s'engouffrent dans le Don Quijote qui vient d'ouvrir. Pour moi, c'est l'heure de pister les *otaku* en costume-cravate qui, plutôt que d'aller travailler, vont passer quelques heures dans une salle d'arcade.

10h18, J-pop mortifère et bruitages cacophoniques : Bienvenue au Sega Center, l'un des principaux *game centers* de la zone. L'immeuble est donc consacré au divertissement. On y trouve entre autres et selon les étages des machines à pince *(UFO catchers)*, des jeux vidéo, des cabines photo *purikura*, des jeux d'argent, etc. Il n'y a qu'au Japon que l'on peut espérer gagner une tranche de saumon en peluche qui sourit. Je me dois d'essayer. Dans les secondes qui suivent, je perds 100 yens et ce qu'il me restait d'illusions quant à mon habileté. Je poursuis mon ascension en sachant que chaque étage sera plus sombre, bruyant et enfumé que le précédent. Au troisième niveau, je découvre l'existence d'un jeu de simulation mettant en scène des écolières-chanteuses-zombies. Je quitte l'endroit alors que les *otaku* prennent leurs marques sur les *UFO catchers*. Ils pourraient essayer de gagner des bonbons ou des plats cuisinés en sachet sous vide mais leur Graal s'avère généralement être une figurine aux proportions inhumaines. La culotte blanche est un prérequis mais – ode à la diversité ou relent d'une insidieuse culture pédophile – la taille du bonnet de soutien-gorge reste variable, dans des proportions allant du torse d'enfant aux protubérances invivables.

11h03, en me promenant dans les rues adjacentes, je tombe sur une boucherie. C'est une grande vitrine, la clientèle commande depuis l'extérieur. Sur l'archipel, le métier de boucher, mal considéré, est souvent réservé aux *Burakumin.* Ces derniers forment une véritable caste, victime d'une ségrégation qui remonte à la période féodale. Essayer d'en savoir plus est difficile, surtout lorsqu'on arrive avec des questions candides – *Mais pourquoi ?* – auxquelles les Japonais ne souhaitent généralement pas répondre. Le sort des *personnes de la communauté* reste un tabou majeur. J'essaie de distinguer sur le visage du marchand un signe qui trahirait son appartenance à une ethnie particulière et je me rappelle le *Chut, ils sont partout !* employé pour me faire taire par l'un de mes élèves que je questionnais sur le sujet. Je poursuis ma route.

11h27, de retour sur l'axe principal, je réalise que la foule est arrivée, les vendeurs haranguent le chaland au micro et la musique est trop forte.

11h30, je croise ma première soubrette de la journée qui, tout sourire, distribue ses prospectus. Je m'arrête un moment pour l'observer. Ça n'a pas l'air de marcher très fort et je la surprends à relâcher le sourire pour faire clairement la moue. Quelques pas de danse probablement suggérés par son manager dans l'oreillette, elle reprend son sourire figé. La journée s'annonce longue.

11h50, j'ai faim mais entre les *maid cafés*, les restaurants de spaghettis-bolognaise-œuf-sur-le-plat et les chaînes occidentales, je sais que ce n'est pas à Akihabara que je vais vivre une grande expérience culinaire. Mon seul espoir se trouve dans les rues adjacentes à la Chūō-dōri où, après de longues minutes d'errance, je finis par tomber sur un restaurant qui m'inspire confiance.

Comme je tiens à peine sur mon tabouret, je me demande comment font les gens aux dimensions normales. J'arrive à la conclusion qu'ils débordent, c'est inévitable. Le plat que je commande est parfaitement à mon goût. Du riz ferme et tiède recouvert de *nattō*, de thon gras broyé et de différents condiments. Les fils du soja fermenté relient élégamment mon bol à ma bouche, je suis enchantée. Un groupe de touristes chinois rejoint ma table. Ça se confirme, mon voisin déborde même si, malin, il prend appui contre le mur derrière nous. Alors que je quitte les lieux, ce dernier affirme son statut de *gaijin* XL en recommandant une portion.

12h44, McDonald's sort un milk-shake parfum patate douce, en édition limitée. Je découvre qu'en plus d'une belle couleur de glace à la myrtille, il a un bon goût de tarte tatin, je suis séduite.

12h55, j'arrive au premier étage d'Akibazone, fief de l'*otaku* gavé au *fan service*[51]. Sur fond de J-pop qui couine, je suis accueillie par un *irrrashaimase* à la fois mécanique, paresseux, et agressif. Cet employé est probablement malheureux. En tout cas, il me fait peur.

Contemplant les cartes à collectionner d'héroïnes de manga dénudées vendues autour de 20 euros l'unité, je réalise que je perturbe les recherches d'un collectionneur d'une vingtaine d'années, encore dans son costume d'employé modèle. Aux regards mauvais qu'il me lance, je peux le dire, il est agacé. Je vais donc traîner au rayon porno où les clients, absorbés par des images dégoulinantes de fluides corporels ou par le choix d'une housse de polochon sexy – oui : *housse-de-polochon-sexy* –, ne font pas cas de moi.

Après avoir fait le tour de l'étage consacré aux figurines, je décrète ne pas avoir *absolument* besoin d'un nouveau porte-clefs. J'ai de longues heures devant moi pour changer d'avis.

51. Pratique consistant à alimenter la passion des fans et leurs fantasmes avec des contenus digressifs ou superflus qui leur sont spécialement destinés, généralement par le biais de situations à forte connotation sexuelle ou érotique (source : Wikipedia).

… parce que quand même, un porte-clefs, ça doit faire du bruit en tombant et le mien est en tissu, alors bon…

Je visite maintenant les huit étages du Mandarake Complex. Chacun des huit niveaux a sa spécialité : bandes dessinées, poupées et monstres effrayants, voiturettes, jeux de société, souvent dans leur emballage d'origine. Antre du bizarre vintage parfaitement agencé, l'endroit est enchanteur.

14h18, il est temps d'aller voir ce qui se passe au Don Quijote. Le Donki d'Akihabara est plein de surprises : évidemment, on peut y acheter une myriade de produits incroyables. On peut surtout y observer des *otaku in vivo* danser frénétiquement sur les machines d'arcade *DanceDanceRevolution.* On peut aussi se rendre dans la boutique AKB48, toute proche de la salle de concert du mythique groupe de filles où se produit chaque soir l'une de ses quatre *équipes.* Néanmoins, pour obtenir le sésame permettant de frapper l'air en rythme avec son tube luminescent, la route est semée d'embûches. Personnellement, j'ai été stoppée dans mon élan par la lecture des instructions en ligne.

Nous avions discuté du phénomène avec Natsumi, une de mes élèves proche de la trentaine. Fan du groupe, elle partage sa passion avec son mari, l'un et l'autre ayant leur membre préféré. *Est-ce source de tensions ? Non, non… chacun sa préférée, c'est tout.* Le groupe collectionne les records de ventes d'albums. La raison serait qu'avec chaque disque, on obtient un ticket permettant de serrer la main de l'une d'entre elles pendant dix secondes. Mais aujourd'hui, la boutique est vide. J'apprends tout de même que leur 36e et dernier Maxi Single s'intitule *Labrador Retriever.*

…
LABRADOR RETRIEVER
… Les mots me manquent.

Je prends une photo avant que l'une des caissières me hèle. Je me retourne en prenant mon meilleur air de *gaijin* idiote – la tête légèrement penchée sur le côté, toujours – pendant qu'elle me fait signe que non, *dame desu.* Je m'excuse et je pars.

15 heures. Pour me remettre de ces émotions, je me rends au café Moco. Sa décoration rétro, ce qu'il faut discordante, et ses

fauteuils moelleux en font l'un des endroits les plus accueillants du quartier. Leur sélection musicale est à la fois étrange et discrète et j'aime la vieille dame lunaire qui gère le lieu. Cerise sur le gâteau, l'espace est fumeur. Il y flotte une légère odeur que, bien que je sois plutôt non fumeuse, je n'hésiterai pas à qualifier d'agréable – et il en sera probablement de même pour quiconque a grandi auprès de parents fumeurs. Surprise que le thé vert en glaçons broyés dans un verre de lait pour lequel j'ai opté soit une bonne idée, je découvre sur un prospectus tout ce que je rate en n'étant pas au café Maidream tout proche.

Dans un souci de transparence, je retranscris les informations au caractère près :

How to enjoy MAIDREAM

1. First. Forget all bad memories you have.

2. Maids take you to the seat.

3. Maids do an easy celemony [*sic*] *of dream candle.*

4. Please oder [*sic*] *something you like. Maids will bring the food and drink Before you eat maids do magic to make the food and drink more delicious.*

5. Plus, if you oder [*sic*] *special menu (WAGAMAMA SET), you can see dance performance.*

Before you eat maids do magic to make the food more delicious. If you oder [*sic*] *omelette rice you can see maids drawing.*

Pour ceux qui seraient étrangers à l'anglais japonais, sachez qu'outre une exhortation à oublier tous mes mauvais souvenirs, je passe à côté d'une petite *célémonie* [sic] *de bougie de rêve*, de magie afin que ce que je serais sur le point d'ingérer soit *plus délicieux* et si j'étais d'humeur à prendre un menu spécial d'une danse, voire de dessins au ketchup sur mon omelette – évidemment, ces malheureuses ne peuvent pas savoir que je n'aime ni l'omelette ni le ketchup. Je ne vois pas le temps passer mais à 16h10, je me sens obligée de partir. C'est une mauvaise idée, parce que dehors rien n'a changé et il ne flotte pas cette odeur étrangement réconfortante de cigarette.

Je traîne sans but dans les principaux magasins d'électronique. Je m'ennuie un peu.

18 heures, la nuit tombe. Je reçois quelques gouttes sur le visage. Un marginal crie devant

le poste de police. Ses propos n'ont pas l'air d'émouvoir les agents qui le regardent s'époumoner depuis leur guérite. Je sais au son de sa voix qu'il est très contrarié, je ne suis pas en mesure de déterminer pourquoi.

18h15, il pleut vraiment. Je me réfugie dans le premier magasin venu : le M's, sept niveaux entièrement consacrés au sexe. Est-ce la fatigue ou ces Libidolls au torse de petit garçon que l'on *honore* au niveau du nombril ? Le fait est que soutenir le regard des clients, des hommes pour la plupart, me demande un réel effort. Me voilà devenue prude.

18h22, il s'est arrêté de pleuvoir. Mouillée, ma chevelure est imprégnée d'une odeur de cigarette qui ne suscite plus aucune nostalgie. Non, mes cheveux puent. Je rentre à la maison.

Le Japonais est-il mauvais en société ?

Dimanche 28 septembre 2014

« Inventer le Japon est un moyen comme un autre de le connaître. Une fois dépassées les idées reçues, une fois contournée l'idée reçue de prendre le contre-pied des idées reçues, mathématiquement, les chances sont les mêmes pour tous et que de temps gagné. Se fier aux apparences, confondre sciemment le décor avec la pièce, ne jamais s'inquiéter de comprendre, être là – *dasein* – et tout vous sera donné par surcroît. Enfin un peu… » Chris Marker[52].

Une des choses perturbantes ici, c'est ce flottement entre le poids d'une solitude bien réelle et le souci, fait priorité, de garantir l'harmonie du groupe.

Le Nippon ne reçoit pas chez lui et, dans un souci de faire primer le *tatemae* (le consensus de façade) sur l'*honne* (les véritables opinions et désirs), il tend à limiter sa conversation à des sujets balisés. Ai-je pour autant le droit de proférer qu'il est moins bon en relations interpersonnelles que les autres citoyens du monde ? Tentant mais facile. Trop. Puisqu'il faut faire avec le cliché, essayons au moins de le détricoter.

Si *sabishii* (solitaire, isolé) est l'un des premiers adjectifs que les manuels jugent utiles d'enseigner, je connais peu de mégapoles dont on vante la convivialité. La grande ville est synonyme d'anonymat, il n'y a rien de très japonais là-dedans. Mais l'une des spécificités du pays est que, qu'il s'agisse de solitude ou de

52. Chris Marker, *Le Dépays*, Éditions Herscher, 1982, cité dans *Le Goût de Tokyo*, textes choisis et présentés par Michaël Ferrier, Mercure de France, collection « Le Petit Mercure », p. 118, 2008.

n'importe quoi d'autre, les solutions – parfois effrayantes à les observer d'un œil occidental – abondent. L'isolement y est donc un peu plus mis en scène qu'ailleurs, notamment par le développement d'une offre de services visant à le tromper : déclinaison sans fin de cafés-concepts, services de location d'amis, relations virtuelles de toutes sortes, etc.

On invite l'*otaku* à la simulation de relations sentimentales sur Nintendo DS, et lorsqu'il évoque le fait que ces liens virtuels le dispensent de chercher un(e) partenaire en trois dimensions, la boucle est bouclée. Il en va de même pour les *office lady* préférant la compagnie de jeunes hôtes aussi maquillés qu'inoffensifs à une relation qu'elles craignent trop contraignante. J'ai également constaté que si les sans-abri de mon quartier se connaissent tous, ce n'est pas pour autant qu'ils vont traîner ensemble. Tout au plus se saluent-ils en se croisant le matin au McDonald's. Ils s'assoient ensuite chacun à leur table puis passent le reste de la journée à vivre en parallèle les uns des autres. La solitude est mieux qu'acceptable, elle est choisie et revendiquée.

Moi-même, il est possible que je m'y retrouve. Depuis mon arrivée, je n'ai plus aucun problème à aller seule au restaurant. Jusque-là, l'idée m'aurait paru idiote mais le restaurant nippon est pensé pour les gens seuls : on y mange alignés, face au cuisinier ou à la fenêtre. Faire la conversation n'est pas requis et je réalise à quel point c'est appréciable même si mon éducation m'a appris que le repas est un moment d'échange – peu importe, à la limite, le contenu de l'assiette.

Alors le Français est-il meilleur en société ? La question me paraît d'autant plus difficile qu'étant ici sans attache, je rêve parfois de devenir ermite urbaine. Le concept reste à préciser mais il me semble qu'observer les gens en limitant mes interactions avec eux au minimum pourrait me rendre parfaitement heureuse. Si l'être humain est un animal social, les soirées avec mes semblables m'embrument. Et les lendemains sont pénibles. Plus japonaise qu'un Japonais, je deviens une asociale qui ne tient pas l'alcool.

Peut-être faut-il alors revoir le prisme au travers duquel on considère cette maladresse. La différence majeure entre nos deux sociétés est que la première repose sur la recherche de l'épanouissement individuel tandis que la seconde a pour objectif la préservation de l'équilibre du groupe. De fait, ce que j'analyse comme une faiblesse sera ici perçu comme une vertu. Il est finalement assez ironique que la société où la recherche de la convivialité est la plus forte soit aussi la plus individualiste.

Et parce que le paradoxe est de rigueur, le Japon est aussi la patrie du karaoké. Et je connais peu d'expériences plus intimes que de chanter faux, en chœur, un *Call Me Maybe* ou un *Baby, One More Time*. De plus, Tokyo recèle un nombre incalculable de restaurants, de bars et d'*izakaya* ne pouvant accueillir plus d'une dizaine de personnes. Bien qu'improbable dans une ville de cette dimension, on est souvent saisi par l'impression que ce sont les proches du patron qui, à eux seuls, font tourner la gargote. Et si les réunions nocturnes des *salarymen* relèvent la plupart du temps de l'obligation de ne pas décevoir leur supérieur, elles se font consciencieuses beuveries, amenant une clientèle devenue étrangement joviale à repartir en titubant – plus ou moins joyeusement selon le degré d'alcoolisation de chacun. La vraie question est celle de la corrélation entre l'harmonie de la société nipponne et l'isolement d'une partie de ses membres. Je suis certaine que mon nouveau – et bref – statut d'ermite tokyoïte ne me suffira pas à en saisir la complexité.

Douze heures à (éviter) Ginza

Vendredi 3 octobre 2014

Une marque japonaise portée par une aspiration au raffinement – et un manque certain d'imagination – verra son nom composé d'un *Ginza* accolé à sa spécialité indiquée en français. Parce que le quartier a été temple du luxe et que *Ginza Gâteau*, c'est chic.

Aujourd'hui, les enseignes inabordables y partagent l'espace avec H&M, Uniqlo et consorts. Ginza, c'est l'équivalent de nos Champs-Élysées – et il ne me serait jamais venu à l'idée de passer douze heures sur les Champs-Élysées. Une infinité de boutiques inaccessibles au commun des mortels et une dizaine de *depāto* dans un système architectural à qui aura la plus grosse et la plus tordue. La compétition est acharnée mais me laisse de marbre. Pourtant, si je veux parler des principaux quartiers de Tokyo, n'importe quel guide me le rappellera : je n'ai pas le droit de faire l'impasse.

Il est 5h50 quand je me lève. Déjà trop tard pour espérer visiter les fameuses enchères de thon de Tsukiji, voisin de Ginza. Peu importe, selon les guides, le marché aux poissons mérite le détour.

7h10, j'arrive à Tsukiji. Le ciel est clair, la rue est vide et la ville m'appartient. Mon excitation est rapidement tempérée par un jeune Français dynamique qui tape dans ses mains en criant à ses camarades : *allez, on y va !* Mue par un enthousiasme modéré, la bande d'amis part dans le sens opposé au mien. Je réalise que je ne sais pas vraiment où je vais mais croiser un nouveau groupe, appareil photo en bandoulière et regard dans le vague, me rassure.

7h30, devant ce que j'imagine être l'entrée principale du marché, quelques panneaux d'interdiction. Du texte en anglais, sobre.

A drunk no drunk [sic].

Je ricane.

J'avais questionné Nobu, un de mes élèves, sur la hiérarchie qui peut exister entre les métiers liés au commerce de la viande et ceux liés à celui du poisson. Il apparaissait que le problème avec la viande, c'est tout ce sang. Le bœuf de Kobe reste une exception, parce que massé au saké et/ou bercé de musique classique, il peut atteindre 300 euros/le kilo. Selon Nobu, il est peu probable que les *Burakumin* gèrent le business. Mais travailler dans le poisson reste moins dégradant. Sur un archipel, marginaliser ceux qui vivent du commerce de la mer reviendrait à ostraciser une partie plus que conséquente de la population.

Au distributeur de boissons instantanées, j'opte pour l'un des deux thés verts. Il est sûrement meilleur que l'autre parce qu'il y a un oiseau et des fleurs dessinés sur la touche associée. Je me retrouve avec une boisson chaude et salée que je pense être à la prune mais dont je découvrirai plus tard qu'elle est à base d'algue. Comme cette chose n'a de raison d'exister que si elle me fait gagner quelques heures d'espérance de vie, je finis mon gobelet. Cul sec.

Devant moi, des entrepôts, morts.

À 7h52, ça se confirme : je suis dans un film de zombies. Mais il fait beau et la température est douce, alors pourquoi pas ? Je ne croise que quelques personnes qui ne me prêtent aucune attention. L'aspect touristique de l'endroit n'est pas évident. Par contre, le fait de déambuler parmi ces hangars fantômes est assez extraordinaire. Je furète au milieu de ce que j'imagine être l'espace réservé aux enchères. Tsukiji se montre nettement plus amusant que ce que j'en attendais.

9h20, un carton m'indique qu'aujourd'hui le marché est fermé. Tout s'explique. Ami touriste, si tu as fantaisie d'assister aux enchères de Tsukiji, jette d'abord un œil à ton calendrier. Parce que même au Japon, tu trouveras des je-m'en-foutistes qui profitent du dimanche pour déserter leur lieu de travail.

9h40, en chemin vers Ginza, je tombe sur le marché du quartier. Les touristes s'y bousculent en se gavant d'échantillons de micro-sardines grillées puis se photographient en train de gober des huîtres de la taille d'un steak. Quelques bancs et distributeurs de boissons circonscrivent un espace désigné comme *lounge*. Je n'ai qu'une très vague idée de ce que le mot peut signifier mais je découvre qu'une sexagénaire y a pour fonction de corriger les erreurs de tri de touristes perdus entre déchets combustibles et incombustibles. Je lui demande si je peux la prendre en photo. Son regard perplexe me dit que la combinaison de mots sortie de ma bouche n'a pas de sens. J'insiste, je veux la prendre en photo, elle. Elle finit par décliner poliment. Après tout, quelle bonne raison aurait-elle eue d'accepter ? Je me fends d'une courbette, m'excuse et repars.

10h25, je passe devant le musée du *pachinko*, c'est du moins ce qu'en dit la devanture. Il y serait possible d'expérimenter le *vrai* Japon. Le *vrai* Japon est donc celui des jeux d'argent hypnotiques et assourdissants. Il s'agit en fait d'un *pachinko* classique, plutôt vide. Une jeune femme s'approche de moi et me demande en anglais si je veux jouer. L'espace est suffisamment bruyant pour qu'elle ait pu me dire, au choix : *Do you want to play ?* ou *Do you want to pay?* Quelle que soit la question, non, je n'en ai pas envie. Je repars. Ni plus riche, ni plus pauvre mais en ayant perdu quelques points sur mon audiogramme.

10h30, je fais partie des premiers clients à pénétrer le très chic *depāto* Mitsukoshi. Même s'il est évident à notre pas décidé qu'une bonne partie d'entre nous se dirige vers les toilettes, les vendeuses tirées à quatre épingles s'inclinent très respectueusement, par vagues, sur notre passage. Il serait tentant de leur expliquer que je viens assouvir des besoins plus primaires encore que celui d'un achat compulsif, parce que je n'aime pas les toilettes à la turque que je risque de trouver dans le métro, qu'en plus il y aura probablement la queue et qu'enfin s'il me vient à l'idée d'acheter du maquillage, ce sera plutôt chez Don Quijote, à un prix quatre fois inférieur à ce que ces dames peuvent me proposer. Mais l'idée est trop complexe pour mon japonais sommaire et elles sont très nombreuses. Je poursuis donc ma route en fixant mes chaussures, la bouche tordue par un sourire pincé.

Il est 11h15 quand je retrouve Kazuya à qui j'enseigne le français. Comme il est parfaitement bilingue, nous passons une partie de l'heure à discuter des différences culturelles entre la France et le Japon. Aujourd'hui, nous parlons des *nomikai* et de la nécessité pour le *salaryman* de maîtriser son discours même lorsqu'il est ivre. Le terme *nomikai* (飲み会, grossièrement *réunion pour boire*) désigne les beuveries entre collègues. Il est généralement mal vu de s'y soustraire, il est *très* mal vu de s'y soustraire si l'invitation émane d'un supérieur hiérarchique. J'évoque ensuite l'impossibilité pour le *gaijin* d'être complètement intégré à la société, même après plusieurs décennies. Kazuya est jeune, polyglotte et a vécu à l'étranger mais il n'en est pas plus ému que ça. Il ne cherche même pas à me contredire : c'est une île, les mentalités sont… insulaires.

13h14, je prends place sur l'un des dix sièges d'un boui-boui encastré sous les rails de la ligne JR Yamanote. Les trois cuisiniers s'activent face à nous. Ma soupe de *soba* aux algues est simple mais, sans surprise, très bonne. Le moment serait parfait si, en réponse à mon *C'était un délice !* plein d'entrain en quittant la gargote, je n'avais reçu qu'un *oui, oui* blasé.

Il est 14h26 quand je réalise que je n'ai pas la moindre idée de comment occuper les cinq heures à venir. Ma seule option semble être d'errer d'un centre commercial à l'autre. La perspective m'angoisse un peu.

Parce qu'il est possible d'y boire un café glacé sans sucre et de recharger son portable en écoutant *There is a light that never goes out* des Smiths, je vais réfléchir à mon futur immédiat chez McDonald's. Désireuse d'apporter un tournant dramatique à mon récit, j'étale mes affaires sur la table avant d'aller passer commande : sac, portable, appareil photo et portefeuille. Pour voir. À mon retour, évidemment, rien n'a bougé. Les rebondissements attendront. Mieux que légendaire, ici, la sécurité est une réalité addictive. Je repars le cœur léger, sans plus d'idées sur comment occuper les heures à venir… mais je suis à Yūrakuchō en robe, il fait beau et les gens mangent des glaces. L'ambiance me paraît infiniment plus douce qu'à Ginza même.

16h20, j'essaye de détourner ma trajectoire mais ça ne marche pas. Je me fais alpaguer par une équipe de tournage qui veut m'interviewer pour une émission de télé. L'interprète est un peu choquée que je n'en connaisse pas l'animateur vedette, Tokoro-*san*. Pour m'amadouer, elle me dit que je présente bien et que j'ai le style d'une Japonaise. Il ne m'en faut pas plus. Elle me demande ce qui m'a agréablement surprise à mon arrivée. Prise au dépourvu, je finis par leur parler des *love hotels*, du Don Quijote, du *franponais* et des *kogaru*. Je sens que ça ne fait pas leur affaire. En fait, ils veulent me faire parler des automates permettant de commander dans certains *izakaya*. Je me prête volontiers au jeu. Je préfère raconter moi-même des conneries plutôt qu'ils se chargent d'un doublage douteux. Pour rendre le récit plus séduisant, je dois dire que je ne savais pas comment utiliser ces merveilles technologiques mais qu'heureusement mon ami Japonais – imaginaire – m'a aidée, que la nourriture et les boissons étaient fantastiques et que *ii ne*[53] ! – Pouce en l'air (et sourire forcé).

Ils sont contents et ma nouvelle amie me félicite de mes talents d'actrice. Je les

53. 良いね！ en kanji いいね！ en katana (*cool, hein?*) *ii, ne!* c'est aussi le *J'aime* dans la version japonaise de Facebook.

prends en photo, on se fait des courbettes d'adieu et le producteur me file son mail pour que je lui envoie des photos de cette soirée qui n'a jamais eu lieu. Perturbée par cette demande (suis-je vraiment si bonne actrice ?), je me perds et atterris dans le quartier de Shimbashi. Plus je déambule, moins les dimensions de la capitale nipponne me paraissent impressionnantes. Il est 16h45, le soleil est déjà bas. Je reviens sur mes pas. En traversant au feu rouge, je me mords la lèvre et baisse les yeux indiquant aux piétons d'en face que je suis une *gaijin* mal éduquée mais que – si, si – j'en souffre… ce qui renforce probablement leur envie de me coller une baffe. Par chance, ils sont bien trop polis pour ça.

En étant parvenue jusque-là à éviter l'étape shopping, je finis tout de même par me faire happer par le gigantesque complexe Loft/Muji de Yūrakuchō. Un homme d'une trentaine d'années est chargé de dire *bienvenue* et *merci et au revoir* à ceux qui passent la porte. L'espace d'une minute, je compte neuf *arigatō gosaimashita* et environ le double d'*irasshaimase*, ce qui nous fait une salutation – de six syllabes ou plus – toutes les deux secondes. Soit autour de 1 800 salutations par heure. Je pourrais calculer la même chose sur une journée mais je ne connais ni les horaires ni le détail de l'emploi du temps de ce monsieur. Quoi qu'il en soit, il m'est difficile de ne pas être impressionnée et compatissante. Quand j'arrive à l'étage, le sol se met à vibrer avec intensité. J'ouvre de grands yeux inquiets : est-ce un tremblement de terre ou la proximité de la ligne JR ? Affairé à ses emplettes, le reste de la clientèle ne daigne même pas lever le nez : proximité de la JR.

17h45, assise sur le banc devant Muji, je mange les guimauves fourrées à la crème de marron que je viens d'acheter. Un air de cornemuse en fond sonore pour plus d'exotisme, le moment est parfait. Mon avis ne semble pas partagé par les autres clients qui me jettent des regards pleins d'une incompréhension mâtinée de pitié.

18h08, mes guimauves finies, je quitte le complexe. Dehors, il fait complètement nuit. Les enseignes lumineuses brillent et les grillons craquettent. Je traîne encore un moment sans but au milieu d'une foule compacte puis repars, réconciliée avec un quartier que j'avais un peu trop vite condamné. Ginza est une coquille vide où il suffit de marcher quelques minutes pour tomber sur Tsukiji, Yūrakuchō, Shimbashi ou Marunouchi. C'est ce qu'il y a de mieux dans ce quartier : ses voisins.

… Et un Japonais m'a proposé de l'épouser

Dimanche 12 octobre 2014

J'ai rencontré Hiroya un beau samedi du mois de mai. Comme deux autres types le même jour, il m'avait sollicitée pour une leçon d'essai – comprendre *une heure de français gratuite*. Le premier avait passé l'heure à se frotter l'entrejambe en m'expliquant en substance qu'il n'était pas là pour apprendre quoi que ce soit, le deuxième a fini par couper les ponts après un dîner amical resté amical.

Super Hiroya, selon son adresse mail, était le troisième : un physique banal, paraissant plus jeune que ses quarante-cinq ans malgré une chevelure clairsemée. Il semblait évident que cette heure était l'occasion de réviser son français avant son séjour en France la semaine suivante, en se fendant du prix d'un café. Je ne m'étais pas trompée, il n'avait plus donné signe de vie. Jusqu'à ce mail reçu quelques jours en arrière. Super Hiroya souhaite reprendre un cours et il me tutoie alors que je suis incapable de mettre un visage sur son nom. Après un échange de mails traînant sur une semaine, nous finissons par nous mettre d'accord sur un horaire et un lieu.

Samedi, 10 heures, Starbucks de la gare JR d'Ueno :

Venu à ma rencontre, il s'exclame, joyeux, que ça fait longtemps que l'on ne s'est pas vus. Oui, effectivement, on s'est vus une fois, il y a *longtemps.* Nous nous installons. Il n'a pas imprimé l'article supposé servir de base à notre cours. Non, mais il me parle de mon blog, qu'il a un peu de mal à lire, et évoque mon cursus universitaire. *Panthéon-Assas, hein*! il répète satisfait. Est-ce que je connais une Hélène Machin, diplômée de la même université quelques années avant moi ? Je ne la connaissais pas en mai dernier, et non, je ne l'ai pas rencontrée entre-temps. Et puis, après m'avoir rappelé qu'il a lui-même été chercheur au CNRS et qu'il travaille pour un mastodonte français du cosmétique, il enchaîne :

« Mais tu as quoi comme visa, là ? Visa touristique ?

— Non, non, vacances-travail.

— Et donc, tu cherches un Japonais pour te marier. »

Flottement, je me sens devenir pivoine. Je plaisante régulièrement sur le sujet mais l'ai-je écrit sur mon blog ? Et si oui, cette affirmation a-t-elle pu être prise au sérieux ?

Non, non, je demande juste.

Je reprends mes esprits et nous embrayons sur le fait que selon lui, les Don Quijote sont peuplés de clients déséquilibrés, potentiellement violents. La construction d'un magasin de la chaîne dans son voisinage va peut-être l'obliger à déménager. Il me montre ensuite le portefeuille Le Tanneur acheté en solde au Printemps, lors de son dernier passage à Paris. Une très bonne affaire. L'heure se poursuit émaillée de questions étranges : *Quelle est ma ville de naissance ?* Je fais de mon mieux pour garder mon sérieux. Veut-il établir mon thème astral ? Va-t-il me demander mon groupe sanguin ? Il sourit. Peut-être prend-il mon amusement mal dissimulé comme un signe d'encouragement.

L'heure touchant à sa fin, il revient sur l'objet de notre rencontre. Il m'explique qu'après notre *cours* il va s'inscrire dans une agence matrimoniale. Alors : est-ce que je suis célibataire ? Est-ce que je cherche un fiancé japonais ? Parce que lui, il a déjà eu une petite amie française, donc il a appris le français… Et puis bon, sa nièce de vingt-cinq ans se marie l'été prochain. Il doit donc se marier avant elle.

Tu as besoin d'un visa et il est temps de me reproduire.

Ayant vu venir la chose, je m'entends essayer de le raisonner à coups de platitudes : choisir quelqu'un par défaut, c'est terriblement pragmatique et puis, ça ne devrait pas être une compétition entre lui et sa nièce, hein. Nous touchons le fond du cliché à l'échange de cette dernière réplique :

Moi : Mais… c'est triste, non ?

Lui : Oui, mais *c'est la vie.*

Il a quarante-cinq ans, il n'a plus le temps et puis de toute façon, il a déjà payé l'agence.

Mais, si je finis par chercher un fiancé japonais, il ne faut pas que j'hésite à le contacter. Je reste poliment sur ma ligne du non-mais-quand-même-je-te-trouve-un-peu-pragmatique et l'heure révolue, je m'excuse : j'ai un cours à l'autre bout de la ville. Cette fois-ci, il me paye. Je m'entends formuler un *Bonne chance, enfin je crois...* Il me serre la main : *À la prochaine...* Nous nous séparons.

Je raconte l'anecdote à Haruka, l'élève que je retrouve à Shibuya. Surprise et choquée, elle me demande de ne pas croire que ce genre de choses est courant. Selon elle, je suis juste tombée sur un désaxé.

Je ne sais pas vraiment quoi en penser. Je ne suis pas dupe, les intentions de ceux que je rencontre dans le cadre de mes cours ne sont pas toujours innocentes. Je l'ai su dès le début. Alors qu'en Australie, la proportion hommes/femmes parmi mes élèves était équivalente, ici, une autre tendance s'est dessinée : mon étudiant-type est un homme célibataire âgé de quarante-cinq à soixante ans. Sur la quarantaine de personnes que j'ai rencontrée, je compte seulement dix femmes. Et pour en avoir discuté avec W., quinquagénaire lui-même inscrit dans une agence matrimoniale, je sais que la pression de la société – associée à une imposition désavantageuse – incite les célibataires longue durée à trouver *une* moitié, quitte à ne pas être trop regardant. Reste que ma première demande en mariage s'est faite au Starbucks et que j'ai été payée 3 000 yens pour refuser d'épouser un quasi-inconnu. Époux/se potentiel/le, sache-le, Super Hiroya vient de placer la barre très haut.

Le Japonais est peureux (et il faut que j'arrête le saké)

Samedi 18 octobre 2014

Quand on a lu Amélie Nothomb l'adolescente, on ne peut qu'avoir une vision floue et effrayante de l'étiquette japonaise. Parce qu'il faut repartir sur des bases moins fantaisistes, Wikipédia dit, lui, que *le* rei *est un code de courtoisie et de bienveillance dont le but est d'établir une hiérarchie et ainsi de donner une place à chaque membre de la société afin d'établir une paix sociale.*

Je retrouve cette fameuse recherche de la paix sociale. Celle qui dans ce pays semble justifier n'importe quel comportement (même antisocial). À mon niveau, je ne sais toujours pas comment récupérer la monnaie que l'on me tend dans les magasins. Je ne suis pas non plus certaine de réceptionner correctement mes achats. Il est sans doute temps de prendre conscience de mon potentiel de menace pour la société.

Catalan expatrié au pays du Soleil-Levant – et pas exactement ravi de l'être –, Francesc me disait qu'avant d'être droit, le Japonais est peureux. Selon lui, l'obéissance aux règles tient plus de la crainte des conséquences pour soi-même que d'un réel souci d'autrui. Le saké ayant achevé son œuvre, nous n'avons pas été en mesure de pousser plus loin la réflexion : les Japonais étaient peureux, nous étions saouls.

L'alcool évaporé, restait un fond de vérité. Lors de ma première soirée tokyoïte, plus que par les lumières de la ville ou par les efforts de la Japonaise pour être visuellement parfaite, j'ai été frappée par un sentiment de sécurité : sécurité des personnes et des biens parce qu'un portefeuille oublié sera retrouvé… au même endroit. Cette sensation ne m'a pas quittée même si, comme pour toutes les bonnes choses, j'ai fini par la considérer comme acquise. Ici, baisser la garde est autorisé. D'ailleurs, une garde, pourquoi faire ? Que ce soit aux yeux du *salaryman* ou du yakusa, je suis invisible.

Plus exactement, le Japonais saoul retrouve la vue mais il n'en perd pas pour autant sa courtoisie. Ainsi, après une soirée à papoter avec des *salarymen* avinés, mon amie Jihane a très cordialement été invitée à passer la nuit avec un sexagénaire qui l'avait couvée du regard quelques heures durant. Faisait-il partie de ceux qui nous avaient montré les photos de leur femme et de leurs enfants ? C'est très probable. Malheureusement, cette fois encore mes souvenirs ont été ternis par l'absorption de quelques verres de trop.

J'ai été surprise par la docilité du Nippon fumant seul à 2 heures du matin dans l'espace fumeur ou attendant de nuit, à un feu rouge. Cette rigueur m'a paru extraordinaire (dans le sens premier du terme), admirable et ridicule à la fois. Toute française que je suis, mes principes sont flexibles. À mes yeux, ne pas traverser au rouge quand la rue est vide procède d'un défaut de sens critique. Mais l'infantilisation est reposante. Inutile de chercher à déterminer si une voiture arrive et si l'on peut traverser devant elle, si oui à quel rythme et pour quelle prise de risque. Non, il faut attendre que l'on nous indique quoi faire, peu importe que les éléments soient ou non en notre faveur.

Alors que j'ai tendance à inviter mes élèves à m'appeler par mon prénom et à me tutoyer, je ressens comme une humiliation le fait que Noda-*sensei* me salue d'un simple *Ohayō* alors que je dois me fendre en retour d'un *Ohayō gozaimasu.* Parce qu'il mon aîné et qu'il est professeur, il se doit d'être moins formel que je ne le serai en retour. Chacun sa place.

C'est un fait : l'étiquette est codifiée jusqu'aux réactions à adopter. Feindre la modestie, toujours feindre la modestie. Ensuite, entre politesse énonciative et politesse référentielle, calcul de l'angle d'inclinaison du buste et de la durée de celle-ci, les codes sont suffisamment pleins d'implicite pour ne pas être complètement assimilables par l'étranger.

Si la caste des *Burakumin* a été mise au ban de la société depuis près de deux millénaires, il n'y a aucune raison d'intégrer un *gaijin* sur la base de quelques décennies de bons et loyaux services. Et vous ne tromperez personne en portant un kimono, surtout si vous rabattez ses pans dans le mauvais sens, faisant de votre joli habit traditionnel une tenue mortuaire. Les codes sont impitoyables : même en pseudo-macchabée, vous ne serez pas crédible.

Les faux pas s'accumulent et, à moins que votre maladresse ne rejaillisse directement sur le Japonais qui vous accompagne, il est rare que quiconque daigne vous faire une remarque. Sauf si vous vous mettez à danser dans un bar parce qu'il vous paraît évident que ce grand espace vide est une piste de danse. Non, danser dans les bars, c'est interdit[54].

D'ailleurs, il n'est pas rare que les codes de la bienséance de nos deux pays entrent en conflit. Tout en tentant d'accepter qu'ici il vaut mieux renifler que se moucher, on réalise que le client est encouragé à réserver sa table en y déposant

54. Initiée en 1948, la *fūzoku eigyō torishimari hō* (風俗営業取締法 ou *fueiho)* est une loi interdisant de danser dans certains lieux de divertissement tels que les bars. En janvier 2015, une proposition visant à l'assouplir a été rejetée.

ses affaires avant d'aller commander puis à produire des bruits de succion prouvant qu'il apprécie ce qu'il mange. Bruitages vibrants et reniflements ; à mes yeux de petite Occidentale, l'atmosphère aura rarement été aussi peu raffinée. Parallèlement, en cours de langue, j'ai vécu ce moment gênant où, comparant les règles de savoir-vivre de nos pays respectifs, je me suis retrouvée en tête des je-m'en-foutistes devant mes camarades indiens, coréens, thaïlandais, russes et chinois : fumer dans la rue, c'est possible ; garder ses chaussures à l'intérieur de la maison, manger et se maquiller dans les transports en commun. OK, c'est sale, mais si le cœur vous en dit… Pourquoi pas ? Je suis pourtant systématiquement celle qui cède sa place alors que le wagon reste inerte, indifférent à un regard que je m'applique à rendre réprobateur.

Alors parfois, par dépit, je suis tentée de participer à la validation du cliché. Puisqu'on attend de mon comportement qu'il ne soit pas conforme, pourquoi me plier aux règles plutôt que de donner à mes hôtes la satisfaction de conforter leurs idées reçues ?

Le Japonais, Tinder et moi

Mardi 28 octobre 2014

Sept mois que je vis à Tokyo. En sept mois, j'ai croisé des Japonais gentils, des Japonais dont j'apprécie l'esprit et des Japonais avec lesquels j'ai envisagé d'avoir des relations sexuelles. Mais aucun n'a suscité en moi l'envie de discuter en me déshabillant.

Alors non, je n'ai pas attendu d'être au pays du Soleil-Levant pour expérimenter cette frustration et, entre les vingtenaires qui m'arrêtent dans la rue pour se prendre en photo avec moi et une demande en mariage, je peux au moins me satisfaire d'un ego flatté pour les décennies à venir. Je n'y suis pas pour grand-chose. Tout repose sur l'aura de *gaijin* aux cheveux châtains. Après de nombreux compliments – incluant des remarques délicates telles que *mais… c'est ta vraie couleur ?* –, j'ai compris qu'ici une chevelure qui ne sera pas noire, deviendra un atout majeur dans le mécanisme de séduction. Par ailleurs, convaincue par le troisième âge tokyoïte qui assortit de plus en plus souvent chevelure et garde-robe, il est décidé qu'au premier cheveu blanc, je passerai moi-même au vieux rose. Mais parce que je n'éprouve qu'un intérêt modéré pour les ados collectionnant les clichés de *gaijin*, les individus prêts à épouser une inconnue et les *salarymen* avinés, il a fallu trouver une alternative pour élargir mon cercle de connaissances. Et comme le Nippon n'est pas l'individu le plus accessible au monde, ici plus qu'ailleurs, Tinder remplit son rôle de facilitateur de rencontres.

Mon annonce est parfaite. Elle est drôle – *elle me fait rire* – et elle reflète – *avec une finesse toute relative* – mes névroses. En français, ma présentation donnerait quelque chose comme :

J'aime apprendre le japonais, la nourriture japonaise, la musique bizarre, lire des livres, écrire, les parfaits au matcha *et le* nattō. *Je suis sarcastique, pas* vraiment *méchante.* CEPENDANT, *je ne suis pas intéressée par les animaux et les feux d'artifice et – désolée, mon cœur – je ne cuisine pas. Ravie de faire ta connaissance !*

Problème : sur la base de quelques photos et lignes de présentation, mentions d'éventuels amis ou intérêts communs, il me faut en moyenne deux secondes pour déterminer jusqu'où l'échange pourra aller. Et neuf fois sur dix, la réponse est : nulle part.

Le Nippon n'est pas formaté pour le second degré. Ce qui revient à régulièrement me faire passer pour un monstre, une idiote, voire les deux à la fois. Si j'avais été plus courageuse, j'aurais aussi évoqué mon aversion pour les spectacles de rue d'Asakusa (et notamment pour le type qui peint des planètes à la bombe pendant que sa sono crache de la dance infâme) mais j'aurais directement rejoint la catégorie des filles sans cœur. Et je ne suis pas assez forte pour ça.

Ma popularité s'est nettement infléchie après l'ajout du passage sur les animaux, les feux d'artifice et la cuisine. Je cherche encore à déterminer ce qui me fait perdre le plus de points. Sans doute mon manque d'intérêt pour les lumières multicolores là-haut dans le ciel. Mais c'était un sujet qui revenait un peu trop souvent. Ici, le *hanabi* constitue une part importante de la culture et il n'y a rien de plus romantique que d'inviter son rencard à s'extasier sur la belle bleue… à part l'amener s'extasier sur la belle bleue, à Disneyland. C'est finalement une bonne chose : les membres de Tinder lisent les fiches de présentation et aiment les animaux. Aimer les animaux, ça fait forcément de soi une bonne personne. L'utilisateur tokyoïte ira donc au paradis, après avoir savouré les petits plats préparés par sa femme.

Un mystère demeure : pourquoi sur une présentation de trois lignes la moitié d'entre eux ressentent-ils le besoin d'indiquer qu'ils aiment la bière ? J'avais déjà noté ça avec Noda-*sensei*, notre professeur de japonais qui, dès le premier cours, avait évoqué sa passion pour le malt fermenté. À l'époque, j'avais pris ça pour une tentative de créer un lien de complicité à peu de frais. Une idée simple et universelle, une grammaire basique : j'aime-la-bière, *biru ga suki desu*… Pourquoi pas ? Je suis par contre plus circonspecte quand je vois que la moitié des mâles présents sur l'application pose pinte à la main, pouce en l'air – à ceux qui s'interrogent, je précise qu'il s'agit généralement du pouce de l'autre main. Si je comprends assez bien l'intérêt du cliché pris pendant qu'ils déroulent le Powerpoint qui a permis à leur entreprise de sauver le monde ou de devenir numéro un du marché, là, je reste dubitative.

Ainsi, Ryohei à qui j'ai proposé d'aller boire un verre afin de nous éviter d'être coincés à table pendant un trop long moment a répondu à mon message par un : *Tu aimes la bière ? *Smiley crétin bienheureux* Moi, j'adore la bière*[55]*!* Comme je n'ai pas su quoi dire, j'ai dû reporter le rendez-vous *sine die*. Dans un pays où un tiers de la population souffrirait de difficultés à métaboliser l'alcool, il s'agit probablement d'un gage de virilité. Problème : les signes ostentatoires de virilité suscitent en moi au mieux l'indifférence, au pire une sévère présomption de balourderie.

J'espère encore de l'application qu'elle mette sur ma route une personne frappée de névroses

55. En version originale : ビール好きですか？(^^)僕は大好き！

compatibles avec les miennes. En attendant, je viens d'y recroiser Takayuki, rencontré quelques mois plus tôt. Les seules données que j'avais tirées de sa fiche étaient qu'il était beau et qu'il parlait français. Notre rendez-vous ne m'avait pas apporté beaucoup plus d'éléments, nous n'avions pas grand-chose à nous dire. Le fait est que parfois, la beauté pousse à faire des choix dont la pertinence n'est pas évidente. Nous dînerons ensemble un de ces soirs et nous allons très probablement nous ennuyer. Peut-être est-il temps de m'initier à la magie du feu d'artifice ?

Japon, que sont devenues tes idoles ?

Vendredi 7 novembre 2014

Éphèbes et nymphettes, jetables et interchangeables ; le phénomène des idoles existe au Japon depuis les années 60 et serait inspiré de nos poupées yé-yé. Mais quelque chose s'est perdu dans la traduction : devenue *aïdoru* dans sa prononciation japonaise, l'idole a muté. Médiatisation maximale, créativité toute relative ; la créature a engendré un trou noir culturel absorbant une scène indépendante pourtant vivace. À défaut d'avoir des choses à dire, ces jeunes gens monopolisent l'espace.

Vidéos diffusées en continu sur les écrans géants de la capitale, titres matraqués par des camions promotionnels ; ils seront également présents dans n'importe quel programme télé où, s'ils ne dégustent pas un ramen dans la dernière gargote à la mode, on les mettra en scène pour gagner le cœur de l'adolescente qui sommeille en chaque spectateur.

Avec sa soixantaine de performeuses divisée en quatre équipes, ses émissions télé et sa déclinaison interminable de produits dérivés, AKB48 est le Godzilla du marché. Né dans l'esprit de Yasushi Akimoto, producteur de films d'horreur à ses heures, le groupe de musique collectionne les records de ventes nationaux et internationaux – fait d'armes d'autant plus admirable qu'un de leurs singles s'intitule *Labrador Retriever.* Mercato interéquipes et groupes-sœurs, ses effectifs fluctuent au gré des saisons et des petits scandales (Wikipédia en propose un résumé, je vous l'épargne). Si elles ne sont pas renvoyées au rang de stagiaires, les exclues sont pudiquement *diplômées.* Précarité et autonomie réduite, le statut n'a rien d'enviable mais il continue à faire rêver. Vestales des temps modernes dont la pureté se veut garantie par le contrat qui les lie à leur producteur, les idoles sont probablement les gardiennes d'un temple. Reste à déterminer le temple de quoi.

Certes, l'Occident n'a pas été épargné par les groupes-concepts. Au commencement était le boys-band, de sa cuisse est né le girls-band. Plus tard est arrivée Britney Spears vendue en kit, virginité incluse. Pour autant, le Japon reste LE pays du groupe-produit. Ici, l'idole est livrée prête à l'emploi, avec sa fiche d'identité indiquant date et lieu de naissance, poids, groupe sanguin et hobbies (cuisine et shopping).

Parler des idoles, c'est aussi parler de leur public. Alors que Natsumi m'expliquait que son mari et elle soutenaient chacun leur chanteuse préférée – certaines chanteraient même pour de vrai – comme d'autres le feraient pour une équipe de foot, d'où vient cette image du fan japonais déséquilibré ? Est-ce seulement un fantasme d'Occidental suspicieux devant un enthousiasme… inattendu ?

Le fait est que la fiction nipponne participe à véhiculer l'image d'un fan influençable et perturbé. Quatre ans avant la création d'AKB48, les personnages du *Suicide Club* de Sono Sion suivaient les instigations subliminales de Dessert, mignonnes pré-ados invitant les masses au suicide. Chez le réalisateur Takeshi Kitano, l'un des personnages de *Dolls* se crève les yeux pour pouvoir approcher Haruna, ex-chanteuse à succès défigurée qui s'est exclue du monde. La réalité ne dépasse pas la fiction mais lui fait honneur. Les faits divers confirment l'impact disproportionné que ces objets de divertissement peuvent avoir sur un public fanatique.

Tout en gardant une distance toute française, je ne suis pas totalement épargnée : je me suis entendue chanter le refrain d'une chanson d'AKB48 au karaoké, et si je préférerais les détester, certains de ces produits me plaisent plus que je ne veux l'avouer.

L'autre soir, je dînais avec Seijo, un de mes anciens élèves chargé de clientèle chez Dentsu, la plus grosse agence de publicité du pays. À l'époque, il m'expliquait que son patron lui avait proposé de réfléchir à un nouveau concept pour ce marché déjà saturé. Après AKB48, les BABYMETAL, trois délicieuses enfants réclamant du chocolat sur une nappe sonore bruyante et plus récemment Chubbiness, dont les membres sont contractuellement tenues de ne pas perdre de poids… Cher Japon, quel est l'avenir de tes idoles ? Le cynisme ayant fini d'infuser en moi, j'ai trouvé. Et j'étais impatiente d'en discuter avec lui. Parce qu'un léger défaut est nécessaire pour rendre la perfection vraiment engageante, au pays du *hentai*[56], la clef est dans la perversion qui ne dit pas son nom. Ici, avoir les jambes arquées, les dents en bataille et une compresse qui recouvre l'œil peut être considéré comme charmant, voire sexy. L'archipel réclame un *freak show* mignon. Par chance, la seule chose qui intéressait Seijo le soir de nos retrouvailles était de fixer une date à laquelle nous coucherions ensemble. Ce n'est donc pas demain que je perdrai mon âme à monter un groupe d'idoles handicapées. Dommage.

56. *Hentai* (変態, へんたい) signifie, entre autres, *perversion* et désigne, entre autres, les mangas et *anime* à caractère pornographique.

Parents, votre prochain cauchemar s'appelle *Yōkai Watch*

Vendredi 14 Novembre 2014

Pour Noël, ma tante, fervente téléspectatrice des programmes de M6, m'a demandé de lui ramener une poupée Fuchiko. Je ne sais pas qui est Fuchiko mais internet m'apprend qu'il s'agit de petites figurines amusantes parce que mises en scène dans des situations différentes. Pour finir de me convaincre, Google me renvoie vers un *replay* de *100% Mag* expliquant que les Japonais en sont fous.

Je suis toujours un peu surprise du traitement de l'actualité japonaise par les médias français.

Comment se débrouillent-ils pour être si subtilement à côté de la plaque ? Le moindre tremblement de terre représente un événement majeur, alors que je ne peux relever qu'un peu de thé renversé sur la table. De la même façon, chaque typhon est filmé à grand renfort de parapluies cassés et de jupes qui se soulèvent. Pourtant Tokyo est généralement épargné et jusque-là, les trombes d'eau n'ont pas changé quoi que ce soit à mon quotidien. Tant pis si nos proches s'inquiètent. Et si on la trouve partout, Fuchiko n'est pas la dernière lubie nipponne. Saluons en revanche le ou la responsable presse du distributeur français qui a très bien vendu son histoire.

Par contre, la dernière obsession locale, c'est *Yōkai Watch*. Une franchise de personnages associant notamment le fabricant de jouets Bandai et l'éditeur de jeux vidéo Level-5. Lancée en 2011, elle s'est massivement popularisée depuis le début de l'année avec la diffusion télévisée du dessin animé et le lancement du jeu sur 3DS. *Yōkai Watch* repose sur l'association du fantasme universel de la montre magique – depuis le visiophone de la nièce de l'inspecteur Gadget jusqu'à l'Apple Watch – et le pillage de la franchise à succès de la décennie précédente : *Pokémon*.

Les *Yōkai*, fantômes du folklore nippon, sont donc la nouvelle génération de créatures mignonnes qui obsèdent ces chères têtes brunes. La montre susmentionnée permet de les contacter afin de résoudre les problèmes que les plus malveillants d'entre eux causeraient. La principale différence avec *Pokémon*, c'est que plutôt que des cartes à jouer ce sont leurs messages – audibles lorsqu'une médaille en plastique est insérée dans la montre – qu'il faut maintenant collectionner.

La montre existe en deux couleurs, chaque modèle n'est compatible qu'avec un certain nombre de médailles et les deux ont en commun d'être ridiculement trop grandes pour le poignet d'un enfant. Mais peu importe, après s'être écoulées en un temps record provoquant des files d'attente inimaginables, elles sont aujourd'hui encore en rupture de stock. Ainsi, en août dernier, et alors que le marché n'est pour le moment limité qu'au Japon, le PDG de Bandai déclarait prévoir la fabrication de deux millions de nouvelles montres et cent millions de médailles d'ici la fin de l'année.

Partout, le thème a remplacé celui du film *Frozen*. Afin de briller lors de ma prochaine soirée karaoké, j'ai ressenti le besoin d'en étudier les paroles. Elles évoquent notamment le fait qu'ingérer des poivrons provoquerait des selles malodorantes. Je ne saurais dire s'il s'agit d'une réalité scientifique, j'ai néanmoins remarqué que la version diffusée chez McDonald's a été allégée de ce passage.

Une montre magique, plusieurs centaines de médailles à collectionner, un jeu vidéo, un manga, une série animée, un long métrage à venir, des produits dérivés à la pelle, le tout servi par un hymne entêtant avec chorégraphie simpliste… Combien de temps avant que l'épidémie ne se propage en France ? Probablement peu.

Ce qui est perturbant avec *Yōkai Watch*, ce n'est pas tant son succès colossal que le fait que, bien que ciblant des consommateurs âgés d'une dizaine d'années, ses produits obsèdent de nombreux adultes. À Akihabara, sur les machines permettant de gagner des médailles inédites, je n'ai vu que des adultes, des *vieux* adultes, classeur à médailles sous le bras, qui se relayaient, reprenant docilement leur place dans la file après avoir perdu. J'ai essayé de me convaincre qu'ils étaient mieux dans ce petit couloir sombre qu'au PMU ; je n'ai pas réussi.

Kōji numéro 2, quadragénaire bonhomme fan de Lady Gaga, à qui je demande de tenir son journal en français m'a lui aussi raconté ses aventures à Akihabara. En résumé, s'il ne s'est pas encore acheté la montre – ce qui, selon mes estimations, ne saurait tarder –, il a pris plaisir à faire la queue plusieurs heures pour acheter le gadget qu'il a ensuite revendu à l'une de ses collègues, après avoir organisé un tirage au sort parmi les heureux parents de son service. Le plus gênant était sans doute sa conclusion : ayant reçu une lettre de remerciement du fils de la gagnante, il a estimé que c'était la première fois de sa vie qu'il s'était senti utile.

D'ailleurs, que racontent les esprits ? Numéro 2 n'a pas été en mesure de me le dire. Reste qu'en matière d'outil de communication avec les esprits, une planche d'ouija ne coûterait qu'une vingtaine d'euros. Elle serait plus respectueuse de l'environnement, pourrait être transmise de génération en génération et offrirait une liberté de communication que la montre ne peut offrir. Non vraiment, le spiritisme, c'est plus ce que c'était.

Neuf mois à Tokyo : état des lieux

Samedi 22 novembre 2014

Neuf mois que je suis arrivée à Tokyo. Ma seule certitude, c'est que neuf mois, c'est trop court pour envisager de passer à autre chose. J'aime mon quotidien de *gaijin* précaire et il y a encore trop à voir et à faire. Je manque sûrement d'imagination, je ne vois pas comment être aussi heureuse ailleurs.

En fait, je crois que ce qui me manquerait le plus, c'est la nourriture. Toute française que je suis, je suis d'une grande tolérance en matière de bizarrerie alimentaire ; vivre au Japon me permet de tester quasi quotidiennement mes limites.

C'est peut-être aussi mon problème. Depuis l'histoire des *manjū* de Fukushima, j'oublie de m'inquiéter de la provenance des aliments que j'ingère. Où a été pêché le poisson de mon sushi ? D'où provient le riz de mon *onigiri*? Dans quel sol a poussé la millième *yakiimo* – patate douce grillée texture purée, goût châtaigne – que j'ai mangée depuis le début de l'automne ? Je n'en sais rien. Et parce que je ne sais même plus si je devrais en tenir compte, l'information finit par ne plus m'intéresser.

Parmi mes élèves, Itaru est un quinquagénaire élégant dont la carrure imposante le fait sortir des standards du pays. L'un de ses proches est propriétaire d'une station-service en bordure de la zone de sécurité entourant Fukushima-Daiichi. À la fin de l'été, Itaru lui a envoyé des nashis – pommes-poires surdimensionnées – et le mois dernier, il lui a rendu visite. C'est tout ce qu'il peut faire. Parce qu'il est ingénieur, Itaru est probablement plus apte que la plupart à estimer la gravité de la situation mais, plein de ce fatalisme stoïque, il n'est ni dans l'optique de dramatiser ni dans celle de s'apitoyer. Il me parle plutôt de la passion quasi obsessionnelle de son fils pour l'univers ferroviaire (passion partagée par un grand nombre de ses compatriotes), de sa fille, de sa femme, de son chat ou de Marie Curie, dont la mort aurait été anticipée par ses travaux sur la radioactivité. J'aime beaucoup Itaru et c'est probablement réciproque : un jour, il m'a offert un *nashi*.

Avant de m'expatrier, je pensais à ces pauvres Japonais manipulés par les pouvoirs publics et incapables de réaliser le danger qui les menace. Maintenant, je suis des leurs, je partage leur aveuglement. Est-ce l'influence du film *Suicide Club*[57] de Sono Sion ? Si je suis témoin du suicide collectif d'un groupe auquel je me sens liée, je me dois peut-être d'y prendre part. Et puis bon, vivre tue, nous sommes nés pour mourir… tout ça, tout ça. J'ai toujours été fataliste, choisir de vivre au Japon rend simplement ma posture un peu plus romantique. Alors on n'oublie pas, non. On choisit juste de ne pas voir.

En attendant, j'observe la vie des autres depuis le McDonald's où je passe mes journées. Je peux

57. *Suicide Club* (自殺サークル, *Jisatsu saakuru*), long métrage réalisé par Sono Sion (園子温, *Sono Shion*), Japon, 2002.

y donner des cours, écrire et étudier ou charger mon téléphone en écoutant les Smiths – et plus récemment le générique de *Yōkai Watch*. Je partage l'espace avec les sans-abri, les étudiants et le dimanche avec les clients du WINS venus préparer leur tiercé. Notre point commun : une addiction au café glacé à 100 yens.

Si cette septuagénaire impassible qui mange ses frites engoncée dans son kimono offre un spectacle terriblement photogénique pour mon œil de demi-touriste, la scène n'a rien d'extraordinaire. Dans cette ville hyper-moderne, la tradition n'a pas été reléguée au rang de folklore, elle fait partie du quotidien. Cette ambivalence que je pensais appartenir aux lieux communs, je l'expérimente tous les jours. Et, charme facile du cliché, j'aime bien ça.

D'un point de vue professionnel, j'ai maintenant une dizaine d'élèves réguliers. C'est suffisant pour vivre sans flamber ni me priver. J'ai donc pu laisser tomber le café de langue. Mon cerveau ne supportait plus d'enchaîner trois heures et demie de conversation vide avec des inconnus. J'ai aussi mis de côté la figuration, parce que, aussi amusant que ce soit, le caractère aléatoire des offres m'amenait à annuler des cours au dernier moment. J'ai beau adorer les *bentō* surgras servis sur les tournages, j'avais quelques remords. Mais parce que être cohérente est épuisant, j'ai fini par envoyer un message un samedi à minuit prétextant ne pas me sentir bien. J'étais en fait au milieu de sept heures de karaoké *nomihōdai* – boissons à volonté – et il n'était pas envisageable de partir. Kazuya, si tu me lis, je sais que ça nous arrangeait autant l'un que l'autre. Une heure de français un dimanche à 8h30, ce n'était pas une bonne idée.

Note positive : il aura fallu attendre six mois pour qu'un élève potentiel me pose un lapin. Six mois, ça reste acceptable. Néanmoins, cher Takahiro, si je te croise, je te fais moi-même *seppuku.* Et comme je suis maladroite, ce sera long et douloureux.

Ayant été amoureuse de la moitié des personnes tenantes du savoir pendant ma scolarité, je sais qu'il est inévitable que certains s'amourachent de leur professeur. Si j'ai perdu quelques élèves dans la bataille, je pense m'en être bien sortie. Même si aucun n'a évoqué mes écrits comme motif de rupture, mon article sur la demande en mariage semble avoir initié un tri. D'ailleurs, Kōji numéro 2 m'a informée que lui n'aurait jamais l'impudence [*sic*] de faire quelque chose comme ça. Parce que je suis un bon professeur [*sic*]. Accessoirement, il fréquente aussi une magnifique jeune femme qu'il a amenée à Londres voir le concert de Lady Gaga ; mais ça, il ne me l'a dit que plus tard.

Et que penser de ceux qui progressent plus vite en français que moi-même dans leur langue ? Parce qu'il faut être honnête : mes progrès sont *subtils*. Je continue d'assister aux cours proposés par mon arrondissement deux matinées par semaine et je tiens mon journal en japonais. Les phrases que je produis sont d'une simplicité à pleurer et pourtant bourrées d'erreurs. Malgré tout, je garde espoir : j'arrive à lire quelques kanjis et, depuis que j'ai appris à réceptionner mon ticket de caisse, à mener des interactions parfaitement chorégraphiées avec les caissières lorsque ces dernières ont la gentillesse de réduire l'échange au minimum.

Est-ce lié ? Mon réseau amical reste limité. Tellement limité que je suis tentée d'y inclure la caissière du Seiyu, celles du McDonald's et l'équipe du restaurant qui sert un fantastique *okonomiyaki* au poulpe. En fait, mis à part un ou deux élèves et la délicieuse Megumi, je n'ai pas d'ami japonais. C'est regrettable mais je ne suis pas certaine que ce soit entièrement de ma faute.

Enfin, sécurité extraordinaire oblige, j'ai fini par oublier mon portable au café. En extérieur. Et je ne m'en suis rendu compte que quelques stations plus loin sur la ligne Yamanote. Une vingtaine de minutes plus tard, la serveuse me l'a rendu avec cérémonie en se fendant de commentaires sur l'autocollant au dos – oui, j'ai maintenant un autocollant au dos de mon téléphone. Je n'ai pas tout compris de ce qu'elle m'a dit mais elle était jolie, elle avait les joues roses et elle m'a fait un signe de la main quand je quittais le café. Pour cet instant, et quelques autres, l'évidence se confirme : je ne peux pas rentrer.

Un cœur autocollant, un chat-sushi, ma perdition

Samedi 29 novembre 2014

Je m'amuse souvent des Japonais qui ne connaissent de la France que Paris, le Mont-Saint-Michel et Nice. Ceux-là mêmes qui adorent le beaujolais nouveau, les croissants et *Tout, tout pour ma chérie.* Mais moi, quand je rentrerai et qu'un Nippon m'interrogera sur mon expérience, que répondrai-je? Que j'aime les sushis, les *love hotels* et le saké? Parce qu'en fait, je n'aime pas tant que ça le saké, il me rend malade.

J'ai un autocollant en forme de cœur au dos de mon portable. C'est peut-être un détail pour vous, mais pour moi ça veut dire beaucoup. Prise de conscience majeure de ces neuf mois à Tokyo. Ce pays m'a perdue. Et si je remonte le fil des événements, ma dérive a bien débuté avec cet innocent petit cœur publicitaire offert dans un *izakaya*. Je venais d'arriver à Tokyo, je l'ai trouvé moche et mignon, *japoniais*. Je n'étais même pas saoule. Mais parce que j'ai un sens aigu de la fête, j'ai considéré qu'une petite faute de goût serait le parfait moyen de célébrer mon arrivée. Je ne l'ai jamais décollé et la situation n'a fait que se dégrader.

Alors que ces dix dernières années j'étais farouchement opposée à l'usage du *smiley* – parce que si tu ne comprends pas que je plaisante, nous risquons, toi et moi, de perdre notre temps. Sur Line, le WhatsApp nippon, je ponctue la moindre de mes phrases d'un *sticker*. Ben oui, ils sont mignons les *stickers* sur Line. Tiens, y en a même qui bougent…

Je n'aurais peut-être pas dû traîner aussi souvent à Akihabara. Parce maintenant j'éprouve des émotions quand je vois une jolie figurine. Oui, je vois des jolies figurines. Parfois même, mon cerveau analyse ces émotions comme la manifestation d'un besoin. En cohérence avec le phoque-tortue qui trône sur mon étagère, j'ai maintenant un chat-sushi qui pend de mon portefeuille. J'ai même expérimenté à deux reprises, la frustration de ne pas tomber sur la bonne figurine au *gashapon*. Je porte des robes à motifs *avec* un sac à dos en tweed et des chaussures fleuries. Il m'arrive de me coiffer d'une tresse sur le côté en occultant le fait que ça dénote très probablement avec mes premières rides. Et j'ai souvent la bonne idée d'assortir le tout avec un vernis bleu layette. En résumé, j'ai perdu toute notion de bon goût. Mon style a évolué à l'image d'une des tendances de fond de la société : la régression. Mignon – un peu moins si l'on considère que mes quatorze ans sont loin – et pas vraiment sexy. Mais que mes proches se rassurent : si je n'ai rien contre le régressif, je ne suis pas prête pour la dentelle et les froufrous. Il faudra attendre la vie prochaine pour faire de moi une vieille lolita gothique.

J'ai pris du savoir-être – de l'obséquiosité ? –, dans la manière dont je tends et reçois les objets. Ici, c'est une marque de respect. C'est aussi un bon moyen de lutter contre mes problèmes de coordination. J'ai par contre recommencé à traverser *à la française*. Et je n'ai pas renoncé à éternuer d'un *atchoum* sonore alors que c'est un discret *kushan* qui serait de rigueur. Ce fait m'a d'ailleurs valu une petite leçon de savoir-vivre de la part du professeur de japonais – celui qui me prend toujours en exemple en matière d'incivilités. Ces moments sont autant d'invitations à pencher la tête sur le côté pour montrer mon incompréhension. Comme un chien malheureux. Alors le Japon m'a-t-il transformée en petite chose aux goûts douteux ? Probable plutôt que je n'étais qu'une petite chose aux goûts douteux qui ne demandait qu'à sortir du placard. Le *kawaii* m'a tuer.

Apprendre l'anatomie au Japon : trente ans, presque toutes mes dents

Mercredi 3 décembre 2014

Événement majeur de la semaine, j'ai reçu un courrier. À mon nom. Quand on est dans un pays qui n'est pas le sien et dont on parle la langue avec l'aisance d'un enfant de trois ans, recevoir une lettre, c'est un peu spécial. Ça donne l'impression d'être à sa place, intégré. Ne pas être en mesure de la lire, par contre, rappelle que cette place est peut-être au fond d'un cagibi sombre.

J'ai donc dans les mains une lettre officielle, avec des dessins : des dents qui sourient, des dents perplexes et une dent qui donne l'impression qu'elle va vomir. La dent nauséeuse, en fait, elle tremble. Même si les dessins me donnent une idée du contenu, il y a beaucoup trop de caractères pour que je tente un déchiffrage. Natsumi, que je retrouve un peu plus tard, me donne le sens général. Comme je vais avoir trente ans et que je suis résidente de Taitō-Ku, l'arrondissement – qui me rajeunit de quelques mois – m'offre un examen dentaire. À Taitō, ils savent comment faire plaisir. Et toujours selon la lettre, j'aurai droit au même cadeau à trente-cinq, cinquante-cinq, soixante, soixante-cinq et à soixante-dix ans. Mystère-dentaire : à soixante-quinze ans, serai-je morte ou édentée ?

En annexe, une liste de noms et d'adresses que je ne peux pas lire. Heureusement un petit *English speaking dentist Asakusa* sur Google plus tard, je finis par trouver le cabinet où il sera possible de me faire examiner et de comprendre ce que le dentiste aura à me dire. Finissant de réduire l'aventure à zéro, Google Maps m'indique que nous sommes à sept minutes l'un de l'autre.

Ce lundi matin, j'arrive peu après l'ouverture du cabinet. Je retire mes chaussures et adresse mon meilleur sourire embêté à la secrétaire en lui demandant en japonais si elle parle anglais.

Comme elle cherche du regard ses collègues, je lui tends ma lettre. Le soulagement est perceptible sous son masque chirurgical. Suis-je libre aujourd'hui-maintenant ? Celui que j'identifie comme le maître des lieux, chevelure de jais et bras couverts de longs poils blancs, vient m'expliquer qu'ils peuvent m'examiner mais pas me soigner. Je suis désœuvrée et je n'ai pas prévu d'avoir de carie. Parfait. Par contre, je ne sais pas quoi penser du fait que la moitié des seniors a une chevelure vinyle. J'admire la poignée d'entre eux qui passe au violet ou à l'orange. Le plus intrigant, c'est que ce sont rarement les plus ridicules. Ne sous-estimez pas la puissance de la septuagénaire à la chevelure bleu nuit et à l'air pincé.

La secrétaire m'invite à patienter derrière le mur en carton-pâte qui sépare une banquette d'attente du reste du cabinet. Après m'avoir rendu mes documents, elle finit par m'apporter la paire de chaussons que j'aurais dû moi-même tirer d'une machine lumineuse et bruyante. La technologie jusque de la distribution de mules, une utilité merveilleusement douteuse. J'ai du mal à cacher ma fascination. À peine ai-je le temps de constater que je suis cernée de dents qui sourient que je suis invitée à rejoindre le fauteuil d'examen. Sur mon bavoir, encore des dents qui sourient. Comme je lui confirme que mon niveau de japonais est minable, le dentiste s'applique à me traduire son questionnaire. L'exercice est douloureux et je suis désolée de lui infliger ça. Je tente un *gambatte kudasai! (faites de votre mieux, s'il vous plaît!)* qui ne le fait pas rire.

Est-ce que je sais que fumer peut entraîner des problèmes parodontaux ? Est-ce que je suis diabétique ? Est-ce que je sais que le diabète peut entraîner des problèmes parodontaux ?

Non, mais maintenant je sais.

Il réfléchit une seconde à ma réponse et me remercie. Il semble amusé par mon usage hebdomadaire du fil dentaire. De même que le principe de fumer *quand j'ai bu* le laisse perplexe.

Combien est-ce que j'ai de dents ?

Hummm… je les ai *toutes* sauf mes dents de sagesse. Mais lui donner un nombre… pfff…

La perplexité de mon interlocuteur grandit.

Bon, je sais que c'est un nombre pair et qu'il y en a *beaucoup*. Je tente un nombre au hasard. 36.

Il se contient. Ça se voit, il se contient. Il dessine dans l'air un 3 et un 6. Je me concentre pour produire un *sanjuuroku* de confirmation. Flegmatique mais visiblement content de l'anecdote qu'il va raconter à ses collègues, il finit par dire :

« Normalement, *normalement*, sans les dents du fond, on a 28 dents.

— Ah… 28, hein ?

— Oui, retenez ça. »

Quelques minutes plus tard, il redresse le fauteuil et dit quelque chose que je ne comprends pas. Son ton est tranquille et il y a une négation à la fin.

Tout va bien ?

Il reformule : *oui, oui, tout va bien.* Reste que vingt minutes après être arrivée, je dois digérer le fait que je n'ai que 28 dents. Je sais par contre que chacune d'entre elles sourit et c'est une bonne chose. Mon docteur me quitte sur un *prenez soin de vous*, qu'il est obligé de me traduire parce que c'est la première fois que j'entends l'expression. Et comme je ne sais pas quelle est la réponse adéquate, je le salue en retour d'un sobre *arigatō*. Mes chaussons remis dans la machine, je quitte le cabinet sans avoir rien eu à payer. Tout serait pour le mieux si en cherchant un dermatologue, je n'avais appris que dans le cadre d'une visite sans rendez-vous dans l'une des cliniques *gaijin friendly* de Tokyo, le praticien ne pourra examiner que deux grains de beauté à la fois. Cerise sur le *wagashi*[58], un examen complet me coûtera 21 600 yens (soit environ 146 euros) et ne sera pas pris en charge par la sécurité sociale.

Des dents nauséeuses mais pas de cancer de la peau. Heureux Japonais.

---

58. 和菓子, le terme désigne l'ensemble des confiseries traditionnelles japonaises.

Chercher du travail et pleurer à Shinjuku

Lundi 8 décembre 2014

Trois mois. Si je veux rester, j'ai trois mois pour devenir *ofissu redi (office lady)*.

Chercher du travail au Japon me renvoie à mes années de jeune diplômée. Partir de presque zéro parce que jusque-là, CV et lettres de motivation n'ont servi qu'à dégoter des jobs saisonniers ou à justifier la mission de gratte-papier obtenue par piston. Je ne parle pas la langue et le CV japonais est encore un mystère : je (re)pars de (presque) zéro.

D'ailleurs, mis à part une vague curiosité pour l'univers impitoyable des *salarymen*, quelles sont mes motivations ?

Mes cours de français me suffisent pour vivre mais mon visa expire en mars. Et comme je n'ai ni les moyens ni l'intention de payer une école de langue à 6 000 euros ou d'épouser Super Hiroya, il faut que je trouve une entreprise qui sponsorise mon visa. Jusqu'au Japon, on attend de moi que je renonce à l'insouciance. Et là se posent les questions qui se sont posées au début de ma vie active : à qui et en quoi puis-je être utile ? À l'époque, je n'avais pas trouvé de réponse mais j'avais dissimulé mes doutes. J'étais devenue attachée de presse, mieux : consultante en relations presse. Si j'avais un titre, c'était bien que j'avais une place. Les années passant, la question est devenue un peu plus complexe : à qui et en quoi *ai-je envie de me rendre* utile ?

Je ne sais pas pour vous mais pour moi, la question reste en suspens.

Vouloir rester dans ce pays m'amène à être un peu moins exigeante. Au moins pour un temps. Parce que pour trouver une entreprise qui sponsorise son visa, le *gaijin* a deux options : être ingénieur ou enseigner l'anglais.

Entre les deux, mon cœur balance et je ne suis malheureusement formée ni pour l'un ni pour l'autre. J'ai donc rendez-vous à Shinjuku, au centre d'aide à l'insertion professionnelle des étrangers. J'y vais par acquit de conscience. Je ne pense pas que l'on puisse tirer quoi que ce soit de ce genre de services… À part peut-être une tasse de café soluble et des prospectus que je ne lirai pas.

Qui plus est, j'ai été dirigée vers le centre réservé aux détenteurs d'un visa vacances-travail. Quand j'ai demandé si je devais apporter un CV, on m'a répondu que ma carte de résident et mon passeport suffiraient. Le temps partiel au fast-food me tend les bras.

J'arrive un peu en avance. Je m'attendais à trouver quelques bénévoles bienveillantes portant des pulls angora dans une petite salle obscure, c'est en fait tout un rez-de-chaussée qui est occupé par l'agence. Ambiance ANPE-hall de gare, des salariés, pas de café soluble. Une interprète m'accueille et me fait remplir une fiche d'identité : nom, coordonnées, âge. Rien de très pertinent pour parvenir à m'aiguiller dans ma recherche. Il est 9h59, mon rendez-vous est à 10 heures, je suis appelée au bureau 11. Ma conseillère s'excuse d'emblée de ne pouvoir garantir qu'ils me trouveront un emploi. Je suis tentée de lui dire que je ne m'attends pas à ce qu'ils me trouvent quoi que ce soit. Son implication semble sincère, je me contente de dire que je comprends. Et puis il y a aussi ce problème lié au fait que, selon ses papiers, un Français titulaire d'un visa vacances-travail ne peut le transformer en un visa de travail classique. Ce n'est pas tout à fait vrai mais effectivement, ça reste un problème annexe. Il faudra quand même aller voir son collègue qui-a-plein-de-connaissances. Il est au bureau d'à côté et il aura sûrement des réponses. Soit.

Elle me demande quels sont mes diplômes, si j'ai déjà travaillé en France et ce que je sais faire. Suis-je sûre de ne pas vouloir travailler dans un restaurant ? Et dans une usine ? Parce qu'elle aurait peut-être quelque chose à me proposer… Je me sens un peu ingrate de lui expliquer que si l'usine est ma seule option, il vaudra peut-être mieux rentrer en France.

Donc, non, ils n'ont rien pour le moment.

10h30, allons voir le puits de science qui aura des réponses à ce problème de visa qui n'en est pas un. La soixantaine, un physique qu'on oublie. Je m'assois à son bureau, il ne me salue pas et s'adresse à l'interprète sans me regarder. Je n'existe plus. Donc lui, son domaine c'est le juridique, une fois qu'un employeur a initié les démarches pour sponsoriser son futur salarié. Il me fait passer une copie du dossier à remplir. Ça ne m'est pas d'une grande utilité mais il faut bien justifier notre entrevue.

« Malheureusement, la notice est en japonais et nous n'avons pas de traduction.

— Peut-être que je trouverai en ligne ?

— Non, vous ne trouverez pas.

Un ange passe, il reprend :

— Et puis entrer au Japon avec un visa vacances-travail et un visa de travail ce n'est pas la même chose.

— ...Oui mais je pensais que l'un pouvait mener à l'autre...

— Oui, mais ce n'est pas si simple. Et je suis désolée de vous dire ça mais votre niveau de japonais n'est pas suffisant pour travailler dans un bureau. »

Mais pourquoi est-il aussi méchant ?

Street-level bureaucracy. Je vais te dire des trucs désagréables qui ne vont te servir à rien, parce que ça fait partie de la poignée des trucs amusants qui sont compatibles avec mes attributions – par ailleurs d'un ennui sans nom.

Je voudrais partir. Maintenant. Je demande si nous en avons fini.

Non, il a encore une question. Il me regarde enfin. Il sourit.

« Est-ce que vous aviez des difficultés pour trouver un emploi en France ?

…

— Non.

— Alors vous aimez le Japon.

— Oui.

— Merci. »

Il sourit, ce con.

Je réalise que je suis debout. Les larmes coulent. Je suis sortie.

10h44, les larmes sont montées avant que j'aie réalisé quoi que ce soit. Je suis bien censée être cette personne sur qui tout coule, non ? D'ailleurs, c'était quand la dernière fois que j'ai pleuré ? Un an en arrière ? Peut-être plus.

Je vomis et je pleure rarement, ce sont deux de mes principes de fonctionnement.

Alors que je suis en train de renifler en plein courant d'air, l'interprète vient vérifier que je vais bien.

« Il était si violent… Et tout ce qu'il m'a dit, je le savais déjà.

— Il ne voulait pas être méchant. Il est très direct, il est comme ça avec tout le monde. Il travaillait à l'immigration avant.

— Mais son job, c'est pas de conseiller ? »

Elle hausse les épaules, me redit combien elle est désolée. Il fait froid, abrégeons nos souffrances. Je force un sourire, lui répète que je vais bien et la quitte.

11h09, je suis encore en train de renifler dans le métro. Un fonctionnaire aigri m'a fait pleurer et l'un des problèmes majeurs de ce pays est que l'on ne peut pas se moucher dans le métro.

Taitō-ku, ses sans-abri et leurs cercueils-*Transformers*

Dimanche 14 décembre 2014

« C'est pas juste, tout le monde écrit sur les sans domicile fixe japonais pour dire qu'ils existent. Comme si le Japon devait s'excuser d'avoir des SDF. »

J'aime discuter avec Francesc, même à jeun. Et Francesc n'est pas emballé par mon idée d'écrire sur les sans-abri d'Asakusa. J'avais déjà évoqué le sujet en racontant ces douze heures d'errance mais en essayant de me défendre, je réalise combien éviter le misérabilisme et ne pas enfoncer des portes ouvertes va être compliqué. Francesc marque un point : pourquoi s'étonner de l'existence au Japon d'un phénomène probablement universel ?

Si je ressens le besoin d'en parler, c'est peut-être à cause de cet homme qui, dans le passage couvert qui jouxte ma rue, s'est approprié un espace qui a tout de la chambre sans murs. À la nuit tombée, son lit en carton à même le sol, il lit ses mangas. J'ai souvent l'impression de violer son intimité alors que lui ne me prête aucune attention. C'est peut-être aussi parce que ma principale angoisse est de finir folle et, au terme de ma désocialisation, sans domicile fixe. Quand j'envisage cette perspective deux questions se posent : quels biens garder – version verre aux trois quarts vide du *qu'apporter sur une île déserte ?* – ? et avoir un chien ou pas ? Les sans-abri japonais n'ont pas de chien. Mais silencieux, âgés et émaciés, ils constituent une communauté à part entière. Elle fait partie de mon environnement et représente quelque chose de hors-norme – au sein de la société nipponne d'abord et par rapport à ce qui m'a été donné de voir de comparable ensuite –, je ne vois donc pas pourquoi je n'en parlerais pas.

Le pays semble avoir à cœur de trouver une place à chacun. Tout y est strictement codifié, millimétré, chronométré, ordonné : il faudra une ou deux personnes pour, en pleine nuit, assurer la circulation d'une rue piétonne en travaux ; il faudra également des employés pour dire bonjour, merci et au revoir dans certains magasins. Alors des individus à la marge de cette mécanique si soigneusement huilée, ça fait désordre. Parce que eux-mêmes semblent avoir intégré l'idée, ils se sont regroupés au nord-est de la ville, dans l'arrondissement de Taitō. Si la société a comme principal objectif de préserver son harmonie, elle est aussi très encline à instaurer et à maintenir des ségrégations plus ou moins visibles. Les sans-abri forment une communauté au sein d'une structure sociale où l'intégration se fait parfois aux forceps et où l'exclusion est probablement plus violente qu'ailleurs. Si l'on en croit les articles et les études sur le sujet, ces hommes – majoritairement – se sont vus privés d'emploi à la suite des fermetures d'usines causées par l'éclatement de la bulle spéculative au début des années 90, la *décennie perdue*.

Depuis que je passe mes journées au McDonald's, nous nous côtoyons. Si l'on ne se parle pas, le problème de la langue n'est qu'accessoire. Au cœur du très touristique Asakusa, nous vivons sur deux calques posés sur une même carte postale. La plupart évoluent au sein d'un espace circonscrit par deux McDonald's et le temple bouddhiste Sensō-ji, certains traînant avec eux un chariot de cannettes compactées. Au premier coup d'œil, on voit juste beaucoup de personnes âgées. Ayant lu partout que le vieillissement de la population est l'un des problèmes majeurs de l'archipel, on ne s'étonne pas. Puis, on retrouve ces seniors assis, souvent seuls, le regard vide devant le WINS, le trop propre, gigantesque et déprimant PMU. Au fil des jours, on finit par en reconnaître certains et par identifier des icônes comme la *kogaru* toujours impeccablement – quoique lourdement – maquillée ou sa camarade édentée qui m'a un jour offert des gâteaux secs.

Est-ce parce qu'ils n'interpellent jamais les passants ? Est-ce grâce à l'association Sanyukai qui met notamment à leur disposition une cuisine et offre des soins gratuits au sein de sa clinique ? Les sans-abri tokyoïtes semblent mieux traités par la vie que ceux que l'on croise en Europe. Il est difficile de déterminer parmi les vieillards qui passent leur journée chez le géant du fast-food lesquels sont seulement désœuvrés et lesquels sont effectivement à la rue. Mais une fois les boutiques fermées, les cartons s'alignent le long du principal passage marchand d'Asakusa. Leur agencement matérialise la rencontre du cercueil et du robot *Transformers.* La communauté devient presque visible.

La ruche, l'igloo et la mer électronique : ma nuit dans un hôtel capsule

Dimanche 21 décembre 2014

Au même titre que de manger dans un *maid café* ou d'assister à un concert d'idoles, dormir dans un hôtel capsule figurait parmi les incontournables nippons à côté desquels j'allais passer. Pas par manque d'envie mais parce que ces derniers sont généralement réservés à la gent masculine. Erreur réparée grâce à ce vol trop matinal qui me ramène en France pour les fêtes. Si l'option nuit blanche au karaoké a été envisagée, pour en avoir été témoin, je sais qu'elle peut amener à rater son avion. Je ne payerai pas un nouveau billet au tarif veille de Noël et internet m'apprend que depuis juillet dernier à l'aéroport de Narita, un hôtel capsule accueille les voyageurs, quel que soit leur genre.

Le site internet du ninehours est dans l'air du temps : froid et épuré. Il parle de capsules de couchage (*sleeping pods*) équipées d'un « Système de Contrôle de l'Ambiance du Sommeil » (*Sleep Ambient Control System*). L'association majuscules et guillemets déclenche dans mon cerveau l'alerte gadget foireux, je suis impatiente.

Parce que ciblant le *salaryman* aviné qui a raté le dernier métro, certains de ces hôtels ont équipé leurs capsules d'un écran diffusant du porno. Mon intuition me dit qu'ici ce sera plutôt une série de documentaires sur l'architecture suédoise des années 60 ou une bande-son Nature & Découvertes. Afin d'affirmer un positionnement monacal jusqu'au-boutiste, j'ai choisi de m'enregistrer à 20 heures. Parce que le site a si bien su me parler, je veux traîner dans l'espace *lounge*, vêtue de leur ligne de vêtements exclusive. Je réserve ma capsule en ligne sans avoir rien à payer. La nuit avec petit déjeuner va me coûter 6 440 yens (environ 44 euros). Bon marché ? Difficile à dire. Après tout, nous parlons de séjourner dans un cercueil XXL. Pour un prix équivalent, il serait possible de dormir dans un *love hotel* miteux ou dans une chambre individuelle en auberge de jeunesse.

J'arrive un peu avant 19 heures, tente un *konbanwa*[59] avant d'expliquer en anglais que j'ai une réservation. À tout hasard, je précise que je n'aurai pas le temps de prendre le petit déjeuner inclus par défaut et sans plus avoir à batailler, l'hôtesse me dit que dans ce cas ma nuit revient à 540 yens de moins que prévu. Elle me donne un sac contenant des chaussons, une longue chemise bleu-gris brodée du logo de l'hôtel et deux serviettes.

« Laissez-moi vous expliquer le concept : voici votre clef de casier, votre capsule de couchage a le même numéro. »

Ninehours ou l'antre du minimalisme.

Deux portes. Disciplinée, je pars côté femme et arrive dans la salle des casiers. Il est

59. 今晩は en version originale, *bonsoir* en français.

tôt, nous sommes deux. Ma camarade porte déjà la tenue réglementaire, ni jolie ni vraiment laide. Informe. Il est inenvisageable de sortir de l'hôtel avec. Entre la chemise de nuit et la tenue de bagnard… *devinez, devinez, devinez qui je suis.* Moi, je cherche encore.

Mes pas m'amènent aux douches : modernes et sobres. Du gel douche, du shampoing et de l'après-shampoing au musc et des serviettes quatre fois plus épaisses que celles que j'utilise au quotidien. Habituée à ma *gaijin house* et à mes serviettes à 100 yens, je vis une parenthèse de luxe et de volupté.

19h45, lavée et séchée, vêtue comme le membre d'une secte de dépressifs, je passe côté couchages. Deux rangées de 28 capsules empilées, la mienne est à quelques centimètres du sol. Son numéro est indiqué à la peinture blanche sur le béton comme s'il s'agissait d'une place de parking. Je suis maintenant dans un igloo ou peut-être dans une cabine de bateau. L'espace n'est pas aussi petit que l'on pourrait le croire. La lumière est douce, la température parfaite, je m'y sens bien. Je baisse le store. Parce qu'on ne peut pas associer gel douche au musc et pornographie, il n'y a que deux réglages possibles : la lumière et… est-ce un ronflement ? Non, c'est le bruit de la mer, à l'occasion entrecoupé de parasites électroniques. Parfois j'entends une personne prendre une photo, parfois c'est une clef de casier qui tombe par terre.

Je pique-nique dans mon igloo en écoutant le ressac des vagues. Et au risque de finir de ruiner ma réputation de fille cool (dans l'hypothèse où celle-ci aurait un jour existé) : c'est super-bien.

20h06, mon pique-nique terminé, je vais faire un tour. Une quarantaine de secondes plus tard, je suis de retour. Côté femme, il n'y a rien à voir que je n'ai déjà vu.

20h40, ma voisine est très bavarde, que ce soit au téléphone à l'intérieur de sa cabine ou à l'extérieur où elle explique en anglais à je ne sais qui que l'on n'est pas autorisé à boire. Je m'entends formuler un calme mais ferme *ta gueule* qu'elle ne saisira que si elle fait attention à ce qui se passe autour d'elle. Ce qui ne semble pas être le cas.

20h49, le réceptionniste me confirme que l'espace *lounge* dans lequel j'avais prévu de flâner n'existe que dans le ninehours de Kyoto. Une seule option s'offre maintenant à moi : ne rien faire.

20h51, de retour dans ma capsule, j'écoute la mer. Je suis dans la cabine d'un bateau, la mer est électronique et j'ai mis mon réveil à 6h.

21h20, seules dix capsules sont occupées.

Quelqu'un tousse. Un téléphone vibre. Je m'endors.

22h20, je suis réveillée sans raison.

Bruits de pas, clefs qui tombent, faux mouvements, un simple store en toile me sépare du couloir. Certaines nouvelles venues semblent chercher à démanteler la ruche. Prendre un avion en début de matinée dans un autre terminal rend mon sommeil léger.

23h12, nouvelle arrivée douloureuse, nouveau réveil.

4h50, premier départ.

5h00, la vie commence à reprendre. J'écoute la mer, je n'ai pas envie de partir. J'éternue, deux fois. Secrète dédicace à ma voisine que, malgré mes appréhensions, je n'ai plus entendue depuis quelques heures.

5h50, en quittant ma capsule, je constate que seules trois alvéoles sont restées inoccupées. J'ai dormi plus profondément que je ne le pensais. La ruche se réveille et la salle de bain grouille.

5h59, après avoir rendu ma tenue de bagnard, je réintègre le terminal. J'envisage presque sereine les dix-sept heures de trajet à venir.

Le *gaijin*, ce loser exotique

Vendredi 26 décembre 2014

Gaijin, c'est le terme désignant l'étranger, celui qui a traversé la mer ou l'océan… et qui n'aurait peut-être pas dû. C'est un terme courant parce que c'est un fait : il y a eux et il y a nous, qui ne parviendrons jamais complètement à maîtriser et la langue et les codes.

Je pourrais dire que les Japonais n'aiment pas les *gaijin*. Cette affirmation, comme n'importe quelle affirmation relative aux sentiments d'un groupe composé de plus d'une personne, serait idiote. Reste que l'intégration de l'étranger est un problème complexe et qu'ici, peut-être plus fréquemment qu'ailleurs, ce dernier fait face à une certaine défiance.

Quand je pense aux difficultés qui m'attendent lorsque je chercherai à louer un appartement ou quand un employé de Pôle Emploi me demande si je suis là parce que je ne trouve pas de travail dans mon pays, mon cœur se tord. Malgré tout, être française représente plus souvent un atout qu'un handicap. La France garde son aura de mignon pays rustique et Paris de vieille ville élégante. Je suis une curiosité et il me suffit de prononcer des phrases d'un adjectif pour recevoir des commentaires élogieux sur ma maîtrise de la langue. *Sugoi*[60] *!*

Olivier, Franco-Japonais ayant grandi entre les deux pays et résidant à Tokyo depuis neuf ans, se sent français. Très critique envers la société nipponne et probablement lucide, il dit *les Japonais*, s'excluant du groupe. Ce positionnement lui permet de partir plus tôt que ses collègues le soir et d'être le seul de son entreprise à prendre tous ses jours de congés.

En fait, tous les *gaijin* le confirment : un des principaux maux du pays, ce sont ses *gaijin*.

60. すごい, en français : *super !*

Grégory, expatrié depuis quelques années a réalisé le portrait-robot du Français arrivé au pays du Soleil-Levant. Lui et Audrey, qui vit à Tokyo depuis un peu plus d'un an, me parlent de ces types arrogants et sans charme, loser mais exotiques. À côté de l'extrême représenté par le Suisse Julien Blanc *pick-up-artist*-expert-en-séduction autoproclamé, il s'avère que beaucoup d'entre nous arrivent en conquérants, entourés d'une aura de gentleman.

Il faut dire que la société nipponne ne se pose pas en modèle en matière d'égalité des sexes et le premier imbécile venu d'à peu près n'importe où ailleurs passera sans trop de mal pour un fervent féministe, au moins dans un premier temps. Le manga à succès *My darling is a foreigner* et son adaptation cinématographique présentant Tony, un Américain super-bilingue, super-sensible et super-soucieux de respecter les codes du pays finissent de tordre l'imaginaire des Japonaises.

Mais comment expliquer que, moi-même, je ressente une forme de réserve quand j'en croise ? La première chose, c'est que je ne comprends pas cet esprit de communauté qui pousse certains à engager la conversation au prétexte que, l'évidence s'impose, je ne suis pas asiatique. Ces gens m'obligent à faire la gueule pour éviter une conversation fondée sur un malentendu : je suis seule, je suis Occidentale, je souffre donc du syndrome *Lost in Translation.* Je n'aime pas non plus ces vieux de la vieille, qui, sans avoir pris la peine d'étudier la langue, se font un devoir d'expliquer à la première oreille venue comment fonctionne le pays, au prétexte qu'ils sont mariés à une Japonaise – et malheureux.

La vie au Japon peut être très agréable dans la mesure où l'on n'aspire pas à une réelle intégration. Pour les décennies à venir, et même si le pays fait face au vieillissement de sa population, le *gaijin* restera une pièce rapportée qui doit trouver sa place, à la marge.

L'enfer, c'est les soldes

Mardi 6 janvier 2015

Revenue de France le 1er janvier, j'ai raté la traditionnelle première visite au temple mais pas le premier jour des soldes (le lendemain). Parce que j'ai beaucoup d'affaires et peu de revenus, les soldes, ça ne me touche pas vraiment. Et puis les friperies japonaises tiennent du paradis – Comprenez : il n'y flotte pas cette odeur de mort caractéristique des magasins français du même type. Donc je n'avais pas de raison d'en parler. C'était avant d'avoir expérimenté la chose à Shibuya, lorsque sur l'escalator me menant au troisième étage du PARCO PART3, l'un des nombreux centres commerciaux du quartier, j'ai entendu des cris de mouette.

Les mouettes juchées sur des escabeaux, mégaphones de fortune à la main s'exercent à un concours de cris aigus supposés attirer la chalande. Je ne suis pas en mesure de comprendre ce qu'elles disent. Mon cœur bat trop vite, je suis stressée. Apnée de rigueur. Après des recherches qui me paraissent sans fin, je finis par mettre la main sur les bouchons d'oreilles supposés me servir en cas de concert. Les battements de mon cœur se ralentissent, je peux enfin essayer d'analyser ce qui se passe autour de moi.

Dans l'escalier reliant les deux étages, une file de jeunes femmes attend probablement depuis plusieurs heures de pénétrer dans un magasin. De mon œil inexpert, je ne vois pas ce qui distingue la boutique de celles qui l'entourent mais des scènes similaires se produisent au 109, l'antre des jeunes filles froufrouteuses et autres *kogaru*, où je me rends le lendemain.

L'achat compulsif est poussé à son paroxysme avec le *fukubukuro*, ces pochettes surprises dans lesquelles est dispersé le stock des invendus. Le concept permet au client de faire de bonnes affaires, dans la mesure où ce dernier se montre peu regardant sur ce qu'il achète. Ce qui est souvent le cas. Certains font la queue pendant plusieurs heures dans le froid, notamment devant les boutiques Apple comme cette jeune femme citée sur le site de rocketnews24 qui a fait la queue quarante-deux heures sous la neige et postait le message suivant sur Twitter :

Bonne Année ! J'ai accueilli la nouvelle année devant l'Apple Store de Sapporo. Ce 1er janvier à 5h05, la température est de -4,5 °C [23.9 °F], mais il y a déjà 11 personnes qui font la queue.

Ces *sacs de la chance* sont une institution qui se décline jusque chez Starbucks et dans les magasins vendant des glaces. Il s'avère néanmoins souvent possible de jeter un œil à l'intérieur du sac (si le contenu n'est pas détaillé sur un petit présentoir). Internet se fait un devoir de révéler le contenu des derniers.

Alors oui, le Japonais a tendance à surconsommer. Il n'est pas le seul mais ici plus qu'ailleurs, il faut trouver des échappatoires à une vie souvent un peu trop bien cadrée.

Work hard, play hard[61] comme disent les gens que je ne suis pas. À Tokyo, on travaille dur et parce que jouer dur, ça pique ; on achète, beaucoup. Et souvent n'importe quoi. Tant que le produit est convoité par les autres. C'est ainsi que certains quadragénaires achètent des jeux à collectionner destinés aux enfants, tels que ceux de la franchise *Yōkai Watch*, au motif presque assumé que ces jouets, victimes de leur popularité, ont été plusieurs mois en rupture de stock. Créer des besoins à défaut de parvenir à en combler d'autres plus élémentaires… Vous ai-je montré mon porte-clefs chat-sushi ?

61. En français, une traduction un peu plus juste – et qui perdrait toute son efficacité – donnerait quelque chose comme : *travailler dur, beaucoup s'amuser.*

La femme au Japon, appelle-moi *make-inu*

Mercredi 14 janvier 2015

En vivant au pays du Soleil-Levant, il est difficile de ne pas s'intéresser à l'image de la femme tant celle-ci s'avère par moments exotique. Problème: il est possible que j'appartienne à ces *féministes de pacotille* qui pleines de leur bonne foi n'en sont pas moins embourbées dans de vieux raisonnements machistes. À la manière des sujets pseudo-féministes-vraiment-aliénants de la presse féminine, il m'arrive de trahir la cause que je voudrais défendre. Ce biais confessé, j'ai quand même des choses à raconter.

Tout pourrait partir de la langue, officiellement la meilleure et la pire des choses depuis vingt-six siècles. Le japonais est délicieux : il invite à situer ses interlocuteurs entre supérieurs, égaux et inférieurs et à adapter son discours en fonction. *Époux* et *maître* sont un même mot tandis qu'*épouse* se construit sur le kanji qui signifie *intérieur*. Si je me fie à ce que propose la langue pour me définir, j'étais ces dernières années une *kurisumasukēki (Christmas cake)*, selon l'idée qu'une femme de plus de vingt-cinq ans non mariée est comparable à une bûche de Noël le 26 décembre : périmée. Le cap de la trentaine passé, je suis maintenant une *make-inu*. Selon l'application mobile JAPOW!, l'expression, inspirée de l'anglais *underdog* (outsider), désigne la femme de plus de trente ans, célibataire et sans enfant. C'est donc moi, c'est peut-être aussi une poignée d'entre vous. Et parce que *make-inu* est synonyme de *loser*, nos mignonnes catherinettes peuvent aller se recoiffer. Dans le même esprit progressiste, un *salaryman* m'a un jour présenté l'image suivante : une femme divorcée, c'est comme un préservatif usagé. Pas encore mariée ? Déjà divorcée ? En dehors du mariage, point de salut pour la femme nubile.

Je force le trait, évidemment, mais pas tant que ça. Moderne mais vieux jeu, le pays n'a rien d'un moteur en matière d'évolution des mœurs (exception faite de l'union avec un personnage de fiction qui, elle, semble sur le point de devenir acceptable). Il est donc probable que le quasi-inconnu dont j'ai refusé la demande en mariage faisait en fait sa B.A. : il me sortait de l'embarras administratif et, en me fécondant, m'offrait un statut d'individu à part entière. D'ailleurs, si la femme enceinte au Japon est autorisée à manger des sushis, elle n'a par contre pas accès à la péridurale (pas à moins de se délester de la coquette somme d'un million de yens, soit autour de 7 000 euros). C'est ce que m'a appris Natsumi qui, enceinte, me proposait un déjeuner dans un *kaitenzushi*[62] de Meguro. Elle en a donc été réduite à investir dans une méthode de sophrologie supposée lui apprendre à se prémunir de la douleur. *Hum.*

Au cœur de l'industrie du divertissement nippon, les stéréotypes se perpétuent. La femme se consomme juvénile mais dotée d'une forte poitrine. Mon ami Francesc, toujours là pour tempérer mes fulgurances, considère qu'il s'agit du fantasme universel de la gent masculine (l'hypothèse – que je garde volontairement dans

62. Le *kaitenzushi* (回転寿司, *sushi tournant*) est un type de restaurant généralement bon marché qui dispose ses sushis sur un tapis roulant. Le client s'y sert directement et l'addiction est calculée en fonction du nombre de plats (voire de la couleur de l'assiette) que ce dernier aura pris.

le registre des hypothèses – me déçoit). Reste que, tentant de correspondre aux stricts canons en vigueur, beaucoup de ces dames apportent une attention incroyable à leur apparence. De fait, il est difficile de ne pas ressentir un certain malaise en observant certaines d'entre elles minauder, assortissant leurs mouvements délicats d'une voix plus aiguë que celle d'une enfant de douze ans. J'ai entendu plusieurs *gaijin* unis à des Nipponnes évoquer le fait qu'une fois mariées, ces dernières se transforment en dragons régnant sans partage sur le foyer. Comme il y a peu de chances que j'épouse moi-même une Japonaise, je ne sais pas quoi faire de ces affirmations. Si ce n'est que tenir les cordons de la bourse (puisque c'est de ça dont il s'agit), ça pourrait être la conception du féminisme selon feu ma grand-mère. Ici, les féministes battent rarement le pavé – quoique pas grand monde ne batte le pavé. L'avenir est probablement du côté de l'anonyme, notamment du côté de la jeune femme à l'origine de la pétition ayant conduit à interdire l'accès au territoire à Julien Blanc, expert en séduction autoproclamé et agresseur sexuel avéré qui a beaucoup fait parler de lui ces derniers mois.

La légende veut que la Japonaise soit très pragmatique dans ses choix matrimoniaux, en témoigne une interview assez perturbante de l'économiste Takuro Morinaga parue en 2012 sur le site de *Courrier International*[63]. Sa théorie veut qu'en taxant les hommes ayant l'impudence d'être à la fois séduisants et riches, on permettrait à l'ensemble de la population masculine d'accéder de façon égalitaire au mariage. La Nipponne aurait alors à faire des calculs plus complexes afin de déterminer le meilleur parti entre celui qui lui ferait un bel enfant et celui qui sera susceptible de l'envoyer dans une bonne université. La situation serait tragique si, à défaut d'être mises en œuvre, ces propositions ne prêtaient pas à rire jaune. D'ailleurs, si ici le féminisme reste relativement abstrait, les Japonaises que je fréquente ne sont pas bien différentes des Françaises de mon entourage. Ni dragons, ni victimes, ni monstres de pragmatisme. Peut-être parce que même dans un pays qui fait de la standardisation une vertu, les stéréotypes sont difficilement solubles dans la vraie vie.

---

63. Propos recueillis par Shiho Naoki, publiés le 26 avril 2012 dans *ÉCONOMIE*, « Il faut taxer les beaux gosses ! », www. courrierinternational.com [En ligne], http://www.courrierinternational.com/article/2012/04/26/il-faut-taxer-les-beaux-gosses.

La nourriture : en parler ou pas ?

Lundi 26 janvier

Il y aurait plusieurs bonnes raisons de passer directement au sujet suivant. La première, je ne cuisine pas. Ensuite, n'importe quel blog d'expatrié aura expliqué que les graines de soja fermentées – ci-dessous désignées sous l'appellation de *nattō* –, c'est très mauvais et que les Kit Kat au thé vert – ci-dessous désignés sous l'appellation de Kit Kat au *matcha* – c'est délicieux. Je confirme que les Kit Kat au *matcha* sont exquis et qu'il n'y a pas à débattre. Si débat il y a eu, je l'ai laissé dans ma famille et je les excuse parce qu'ils sont loin. Sinon la vie est suffisamment compliquée, considérons comme avéré que ces derniers sont délicieux.

Le cas du *nattō* mérite plus de nuance. Baveux, filant et dégageant une odeur caustique, le *nattō* est vivant : il s'apprivoise. Les sentiments de l'Occidental envers le soja fermenté sont comparables à ceux des Japonais à l'égard du roquefort : un dégoût assumé. Par contre, ils adorent le camembert. Peut-être parce que ce nom désigne à peu près n'importe quel produit vaguement laitier, vaguement salé – même si sa texture est plus proche du bloc de plastique que du fromage. À l'inverse, quand nous n'avons qu'un mot pour désigner les algues comestibles, le Japonais en a une dizaine, chacun marquant une spécificité ou un usage particulier.

Afin d'entretenir sa passion, le Nippon a à sa disposition une foule de programmes dédiés et de séquences d'émissions du style «Martine mange des pâtes à Shinjuku [remplacer Martine par le nom d'une pseudo-célébrité]», *Le Gourmet Solitaire*, manga adapté en série télévisée et la rue Kappabashi dans le quartier d'Asakusa, où alternent les magasins de vaisselle traditionnelle, d'accessoires permettant de faire cuire un œuf dont le jaune sera en forme de cœur et de plats en plastique hyperréalistes utilisés dans les devantures des restaurants pour attirer le chaland.

Quand on me questionne sur la gastronomie française, je suis embêtée. C'est quoi exactement la gastronomie française ? La première chose qui me vient à l'esprit, c'est un plat de viande et de pommes de terre. Puis, probablement parce que je déteste ça : la blanquette. Mon palais est psychorigide : j'aime tout, à la condition de pouvoir dissocier les saveurs. D'où cette manie, à l'âge des BN, de manger le nappage puis le biscuit et cette aversion persistante pour les sauces en général et la blanquette en particulier.

À la question – idiote – de savoir quel aliment je pourrais me contenter de manger le restant de ma vie, je choisis le riz. La gastronomie nipponne est donc parfaite à mon goût, surtout depuis que j'ai arrêté de m'interroger sur la provenance des aliments. Mathieu, qui a fait une thèse sur les mouvements antinucléaires en Asie et qui continue à étudier le sujet me dit que c'est une loterie. Alors que l'organisme d'un individu supportera d'être quotidiennement exposé à une certaine dose pendant des années, un autre soumis une seule fois à cette même dose développera un cancer, parfois des années plus tard et sans qu'il soit possible de l'imputer à cette exposition. Une bonne nouvelle malgré tout : les poissons les plus proches – et potentiellement les plus dangereux – ne sont pas toujours les moins chers. Pas beaucoup de certitudes mais de gros doutes. Continuer à manger des *onigiri* bon marché comme je m'obstine à le faire n'est peut-être pas le choix le plus pertinent pour ma santé. Par chance, depuis mon arrivée, j'ai développé une foule d'obsessions pour, dans l'ordre : les *soba*, le *nattō*, la *yakiimo*, le *daikon*[64], l'*oden* et… les pommes. Parce que certaines sont vendues un peu plus de 10 euros l'unité, j'ai réussi à me convaincre que ces dernières sont meilleures qu'ailleurs, parce que si c'est dans du papier brillant, c'est forcément exceptionnel. Ensuite, le premier *kaitenzushi* venu proposera des *nigiri* aux alevins, au violet, au dos de flétan ou aux intestins de thon, vendus à 130 yens la paire (soit moins d'un euro). S'ils sont parfois surprenants, les goûts sont facilement reconnaissables. Les textures, elles,

64. *Daikon* (大根) est le nom japonais du radis blanc.

évoluent sur une gamme allant du caoutchouteux au gluant, en passant par le plus classique mais toujours efficace *mou.* La quintessence de l'expérience caoutchouteuse-molle est probablement *l'oden*, le pot-au-feu saveur poisson surmonté d'une île flottante que l'on achète au *konbini* en hiver.

Et plus rustique que la pomme et dernière merveille de l'hiver, les *yakiimo*, de longues patates douces cuites au four qui, quand on les oublie, fondent au fond du sac en une bouillie brunasse et collante, ont tenu leur rang de découverte extraordinaire jusqu'à ce que mon amie Christelle m'avoue que ses parents mangent la même chose dans la ville où je suis née. Délicieuses à défaut d'être vraiment exotique. Je vis maintenant avec le fantasme d'un dessert qui allierait patate douce et violette. Ayant récemment dîné dans un étoilé français proposant une association roquefort-kaki, l'idée me paraît presque trop raisonnable.

Même si les repas restent source de faux pas liés à l'usage des baguettes, au passage des plats et à mille autres codes entrés par une oreille et ressortis par l'autre, je persiste à penser que la gastronomie est l'un des principaux atouts du pays – gardons en tête que je suis généralement insensible à la beauté d'une architecture ou d'un paysage. Plus on me pose la question et plus ça devient clair : c'est ma principale raison de rester. Discutable ? Considérant la proximité de Fukushima et le flou entourant les conséquences de la catastrophe, probablement.

Préparation au désastre

Lundi 2 février 2015

Parce que nous autres *gaijin* n'avons pas eu la chance d'être initiés dès l'enfance aux comportements à adopter en cas de cataclysme, aujourd'hui, c'est *disaster drill: préparation au désastre.*

Le problème c'est que quand le sol a tremblé, à de nombreuses reprises ces onze derniers mois, je n'ai jamais craint pour ma sécurité. Tout au plus, les mouvements de ma maison m'ont bercée. Parce que ça peut être doux la terre qui tremble.

Est-ce que j'ai peur ? Bien sûr que j'ai peur. Mais mes angoisses sont déconnectées de ce que j'ai vécu jusque-là. Comme une adolescente attend *the one*, moi j'attends le *big one* qui, dans mon esprit, combinerait la puissance d'une bombe atomique au fait que le sol se déroberait sous mes pieds, rien de moins. En prévision, je conserve précieusement le casque de sécurité Japan Airlines que j'ai oublié de rendre à la fin d'un tournage. Parce que dans ce scénario apocalyptique, il serait dommage que je me fasse une bosse. Finissant de manquer de logique, je n'ai pas préparé de sac d'urgence comme il est recommandé de le faire. Je n'ai d'ailleurs qu'une vague idée de ce qu'il devrait contenir. Au vu de mes connaissances, ces *ateliers désastre* n'ont rien de superflu.

Afin de mêler le fun à la catastrophe, le prospectus que l'on m'a distribué annonce plein d'activités épatantes dont une simulation de tremblement de terre et un pique-nique à base de portions de survie. J'arrive cinq minutes en avance et comme je suis mauvaise en maths, je dirais que nous sommes une centaine. J'apprendrai plus tard que le consul français, passé dire bonjour, s'est réjoui des bons chiffres ; nous serions 75 participants, 45 si l'on exclut le personnel diplomatique et sur ces 45 personnes, 30 Français. Tous les âges, pas mal de quinquagénaires et de sexagénaires, jusqu'à l'enfant en bas âge (il en fallait un). L'image est belle, d'ailleurs un journaliste prend des photos.

9 heures, nous entrons dans le gymnase sous une litanie de *gozaimasu* mécaniques. Un gilet vert fluo irisé rappelant la grande époque de la Tecktonik[65] nous explique qu'ils débuteront à 9h15. Je ne sais qui a choisi ces gilets mais clin d'œil culturel audacieux mis à part, c'est une mauvaise idée. Alors que nous patientons, un type s'énerve s'exclamant en français qu'il y a deux queues. Tout le monde le comprend, ça l'encourage. Il décide d'entreprendre la fille devant lui. Elle vient de Bordeaux alors c'est super parce que lui, il travaille à l'ambassade de je-ne-sais-plus-quel-pays et il est là pour cinq ans… mais il a de la famille à Bordeaux et il adore y aller et boire du vin. Et puis c'est bien de venir ce matin surtout qu'ici, hein, il y a des risques. Comme la file du personnel d'ambassade avance, il se met en mouvement, déclamant lyrique et en français toujours : *Oui, oui, nous sommes des ambassadeurs !*

On nous distribue un dossard de couleur indiquant notre pays d'origine et les langues

65. Commerciale et de mauvais goût, la Tecktonik fut un mouvement musico-vestimentaire du milieu des années 2000 qui a fait long feu et dont il ne viendra à l'idée de personne de regretter la disparition.

que nous parlons. Mon dossard est bleu, je suis donc Française. Je m'appelle Agathe, je parle français et anglais, j'appartiens au groupe C. Je commence à discuter avec la fille de Bordeaux qui a eu vent de cette journée grâce à son mari qui travaille à l'ambassade. Son dossard m'indique qu'elle s'appelle Alice et qu'elle est Française et francophone, elle appartient au groupe B.

Des rangées de sièges séparées les unes des autres permettent à chacun de rejoindre son groupe, nous nous installons. On nous distribue le programme ainsi que l'information relative à une application téléphonique permettant d'être informé en cas de tremblement de terre. Mon programme est divisé en cinq parties: *Culture to deal with disasters, telephone drill, traditional culture, outdoor disaster drill, indoor disaster drill.*

10 heures, la journée démarre par le discours d'une personne que je suis contrainte de ranger dans la catégorie *illustres inconnus.* C'est important pour le Japon de pouvoir réagir en cas de catastrophe, alors c'est bien de s'y préparer. Traduction laborieuse, ambiance molle, flashs des photographes. On applaudit.

Que la fête commence!

10h23, premier atelier : il est question d'une seconde application permettant de s'informer en cas de secousse sismique. La présentation est faite en japonais. Dans l'assistance, une personne demande une traduction. Mouvement de panique côté organisation, l'intervenante se tait quelques minutes puis reprend, toujours en japonais, toujours sans traduction. Finalement, un traducteur arrive. Et ça tombe bien parce que c'est l'heure du premier jeu.

Cinq volontaires sont réunis autour d'une table sur laquelle sont posées des images cartonnées, le premier qui s'empare de la carte correspondant à l'hiragana annoncé a gagné. Dubitative, l'assemblée semble hésiter à participer. Un type lance, goguenard : *Faut y aller, hein, y a que ça à faire de la matinée !* J'ai beau savoir que c'est une plaisanterie, je suis prise d'un rire nerveux. À côté de moi, des participants regrettent à voix haute de s'être déplacés. 10h43, en chemin vers le prochain atelier, je croise Alice qui m'explique que celui auquel elle vient d'assister, le troisième sur mon programme, ne sert à rien. J'aimerais ne pas la croire mais je viens d'assister à une compétition pour des images cartonnées. 10h50, atelier numéro 2 : on nous présente une troisième application permettant de se tenir informé de l'activité sismique. Sauf que cette fois nous sommes dans une salle différente et que la documentation disponible ne l'est plus qu'en japonais et en chinois. Deux d'entre nous doivent simuler un appel téléphonique postséisme. Nous attendons. Une fois qu'ils ont fini, nous continuons d'attendre. À 11 heures, un des animateurs prend la parole : en cas de problème, il faut appeler le 119. Je tiens ma première information utile de la matinée.

11h10, pendant que les membres de mon groupe se font photographier en tenues traditionnelles devant une maison en carton, à l'autre bout du gymnase, un pompier s'accroche un parapluie à la jambe avec deux cravates. Son collègue entoure son avant-bras de film micro-ondes. 11h28, sur une table trône le fameux nécessaire d'urgence à avoir à sa disposition en cas de catastrophe. Impossible de faire contenir tout ça dans un sac. On nous invite à toucher puis on prend une photo de groupe sur laquelle je ne figure malheureusement pas. Oh, et enfin on nous distribue un manuel d'information.

11h40, entraînement d'extérieur. *Miss Agathe, come on!* Alors que l'on nous apprend à utiliser un extincteur, un interprète se fait un devoir de me répéter dans un anglais approximatif ce qui vient d'être déjà dit dans un anglais approximatif. Et parce qu'il a reconnu en moi la grande cinéphile, il me demande si j'ai déjà vu *Bakudraft* [*sic*]. Hélas non mais grâce à Wikipédia, je découvre le synopsis de ce potentiel chef-d'œuvre sorti en 1991 :

Brian et Steven McCaffrey sont les fils d'un officier des sapeurs-pompiers de Chicago mort en héros dans un incendie. Tandis que Steven a brillamment suivi les traces de son père, Brian, pour sa part, s'est détaché de ce milieu. Il tente néanmoins un retour vers la profession mais Steven, dubitatif quant aux motivations de son frère, va le mettre rudement à l'épreuve.

...

Une nouvelle faille cinématographique à combler.

11h58, c'est enfin l'heure de tester le simulateur de secousse sismique installé dans un petit camion. Je suis venue pour ça et alors que j'ai passé la matinée à me rendre invisible, je suis la première à me porter volontaire, suivie de trois types. Sur le papier, l'exercice est d'une simplicité déconcertante : il faut se mettre à quatre pattes sous la table et protéger sa tête. Le fait est qu'avec trois types massifs, il n'y a plus de place pour moi. J'apprends par la même occasion qu'à une magnitude de 7, il est possible de tomber en étant déjà à quatre pattes et que quelques secondes peuvent avoir un goût d'éternité.

Alors que je quitte le camion un sourire crispé sur le visage, la caméra me demande mes impressions. Dire que je ne ressens pas grand-chose serait un peu trop français alors je dis que c'était intéressant. La vérité, c'est que je n'ai aucune idée de ce que je ressens mais je suis vraisemblablement perturbée.

12h21, la tête est plus importante que les pieds. Le jour où vous serez amenés à transporter une personne sur un tapis, vous me remercierez d'avoir partagé cette information. Nous apprenons maintenant à faire une attelle avec une boîte de pizza et des cravates. Je me rends compte que je suis la seule à ne pas participer. Je m'en veux un peu mais là, je voudrais que ce soit terminé.

12h46, alors que nous regardons une série de photos impressionnantes prises lors du séisme de Kobe en 1995, il faut regagner nos places. L'heure, c'est l'heure: nous avons un questionnaire de satisfaction à remplir. Est-ce que je compte assister à l'événement l'année prochaine ? Non, je ne pense pas.

Si à défaut d'avoir partagé un pique-nique de survie, j'ai été témoin d'échanges de cartes de visite et que j'ai pu rire avec Alice de notre incapacité à nous intégrer, je quitte le gymnase dubitative. Je retiens que si je suis dans un ascenseur, il faudra appuyer sur tous les boutons pour l'arrêter et en sortir et que des sous-vêtements en papier devraient rendre mon expérience de l'abri antisismique plus agréable.

Un an à Tokyo : état des lieux

Mardi 10 février 2015

Isu to baketsu, zenzen chigau, zenzen chigau[66]

Un an que je suis arrivée, et l'une des seules choses que je peux affirmer c'est qu'*une chaise et un seau, c'est complètement différent, complètement différent.* C'est l'enseignement que j'ai tiré des longues heures de visionnage de la chaîne éducative de NHK.

Mon visa proche de sa date d'expiration, j'ai contacté une dizaine d'écoles de français

66. En version originale : 椅子とバケツ全然違う全然違う *(une chaise et un seau, c'est complètement différent, complètement différent).*

et échangé avec trois d'entre elles. Aucune ne prévoyant de sponsoriser des employés, on m'a dispensée d'entretien. J'ai également contacté des écoles d'anglais, sans succès, et je ne peux m'empêcher de penser que si je postulais pour les offres dans la préfecture de Fukushima, ils seraient plus enclins à fermer les yeux sur mon anglais perfectible. En résumé, après un rendez-vous tragique au pôle emploi, quelques échanges avec des chasseurs de têtes et une visite au service d'aide à l'emploi de la CCI France-Japon, j'abandonne dans l'immédiat l'idée de trouver une entreprise qui me sponsorise.

Ironie du sort, le domaine qui recrute les non-japonophones, c'est… le recrutement. Et les avis concordent : des conditions de travail pénibles induisent un turn-over massif. Le recrutement, c'est le Macdo du diplômé. Mettez-moi dans un *open space* douze heures par jour avec impératif de faire du *chiffre* et, à Tokyo comme ailleurs, la dépression ne se fera pas attendre. Mon bonheur reposant en grande partie sur la liberté que m'octroie mon style de vie, il est préférable de renoncer à un Graal douteux. Je me laisse trois mois avec un visa touristique pour finaliser mes projets de rédaction en envisageant l'étape suivante. Peut-être faudra-t-il payer une fortune afin d'obtenir un visa étudiant (les frais de scolarité pour l'année me reviendraient autour de 6 000 euros), peut-être faudra-t-il passer à autre chose. *Ferme ton sac, tu n'es pas au Japon ici !*

Revenir en France à l'occasion des fêtes m'a amenée à remarquer certaines différences avec plus d'acuité. Résumant les différences irréconciliables entre nos deux civilisations en un paragraphe, je dirais : en France, les gens traversent au rouge, détendus et ils soufflent quand tu ne vas pas assez vite. Ils téléphonent dans le métro, et moi qui étais une habituée de la manœuvre, j'ai fini par considérer que c'était un gros manque de savoir-vivre. Certains mendient et les relous n'ont pas besoin d'être saouls pour venir te parler. Les employés des magasins, quand ils n'ont pas envie de travailler, font la gueule. Ils n'auront pas ce sourire figé de rigueur ici comme en Australie où les caissières vous appellent *Love* et vous demandent comment-ça-va-aujourd'hui. Difficile de dire ce qui est pire. Le Nippon adore faire la queue de longues heures, ça le rassure sur la qualité de ce pour quoi il attend. Du coup, *omatase shimashita*[67], on est remercié d'avoir attendu, même quand on n'a pas attendu. Les vendeurs

67. お待たせしました.

se baisseront pour ramasser un morceau de papier de la taille d'un confetti à l'extérieur de leur magasin mais du soir jusqu'en début de matinée les sacs-poubelle blancs s'amoncelleront à même le trottoir. Les pansements sur les yeux, c'est sexy et, une fois dans le métro, j'ai vu un jeune homme utiliser un ustensile cousin de la pique apéritif afin d'enfoncer sa paupière derrière le globe oculaire et agrandir ainsi son regard. Aussi éphémère que potentiellement dangereux. Plus mignon, en hiver, on croise des écoliers coiffés d'un bob, jambes nues. Enfin, les individus qui ne prennent pas la peine de se moucher et m'imposent de suivre le mouvement des glaires dans leur trachée me donnent des envies de meurtre.

Ma maîtrise de la langue est encore loin d'être satisfaisante. L'apprentissage des kanjis reste un défi majeur mais avec la poignée que je connais, et à défaut d'être capable de déterminer ce qu'une chose est, je peux dire ce qu'une chose n'est pas. Cette capacité me permet d'éviter de prendre n'importe quelle poudre pour une boisson soluble : ceci n'est pas du thé, c'est… *autre chose.* Tant que l'on ne se sent pas en danger, c'est drôle – et reposant – de ne comprendre que des bribes d'un langage.

Au jour le jour, je n'utilise qu'une poignée d'adjectifs. Dans l'ordre: *bien, délicieux, amusant, intéressant, joyeux/heureux.* Il m'arrive plus rarement d'employer *triste*, histoire de montrer que je suis capable d'une large palette d'émotions. Quand je crois comprendre une question, je l'ai souvent comprise de travers. Du coup, j'ai peur de discuter avec la caissière du supermarché parce que depuis le temps, je devrais être en mesure de lui parler de la pluie du beau temps et de la France, parce que j'ai cru comprendre qu'elle aimait bien. Alors je vais à une caisse où je sais que l'échange se limitera au minimum, c'est-à-dire à demander des baguettes jetables s'ils oublient de me les donner. Pas mariée, pas d'amis japonais, j'ai toute cette année servi d'exemple à Noda-*sensei* comme l'étrangère qui a raté sa sociabilisation. Sur les cinq femmes qui suivent les cours de Taitō-Ku, deux ont suivi un mari expatrié, deux ont épousé un autochtone et il y a moi, la touriste pas fichue de se lier. Le fait est que même s'ils tiennent plus de la rhétorique que du réel agacement, mes *c'est nul!* intempestifs ont fini par amuser certains locaux. Parce que AHAHAH, je suis la Française qui dit qu'elle n'est pas contente quand elle n'est pas contente. Je suis donc entourée de quelques personnes qui ont le bon goût de me supporter. Et alors que je n'ai aucune certitude quant à mon futur, c'est aussi agréable que frustrant. Se pose alors la question fatidique : *Should I stay or should I go ?*

Je vois deux raisons de rester : je commence à peine à pouvoir utiliser mes rudiments linguistiques et en restant, je limiterais mon empreinte écologique (mise à mal par une année d'usage de baguettes jetables).

Ensuite, quitter le pays aujourd'hui me laisserait beaucoup de questions. Entre la nourriture et les *100 yens shops*, si tout est si peu cher et d'aussi bonne qualité, où est le piège se demandait une de mes élèves. Si j'ai résolu le mystère du nombre impressionnant de téléphones à clapet encore en circulation (ici, ils sont appelés *garakei, téléphones des Galápagos*, mutants parce que offrant des fonctionnalités exclusives), certains mystères subsistent : Pourquoi les coquilles d'œufs sont-elles si blanches ? D'où vient la capacité des Nippons à s'endormir dans les transports en commun (oui, les sièges chauffants de la ligne Yamanote sont soporifiques) parfois sur l'épaule du voisin, parfois debout et, la plupart du temps, à parvenir à se réveiller à la bonne station ? Pourquoi tant de personnes souffrent de rachitisme ? Pourquoi seuls les adultes portent des masques chirurgicaux en hiver ? Pourquoi n'ai-je pas le droit d'utiliser mon portable dans le *kaitenzushi* d'Ueno ?

J'aurais aimé discuter avec des joueurs de *pachinko*, des *otaku* et les sans-abri d'Asakusa. J'aurais dû parler de l'homosexualité, des *Burakumin* et enquêter plus longuement sur le statut de la femme. J'aurais aussi aimé parler de sujets plus légers, comme l'existence d'une mascotte pour chaque institution publique ou privée. Je trouvais infantile ce bruit de clochette entendu sur le sillage de la moitié de la population, tous âges et sexes confondus. Depuis peu, moi aussi je fais un bruit de clochette en me déplaçant parce que Natsumi m'a offert une figurine de la mascotte de la préfecture de Gunma[68] dont elle est originaire. Les mascottes, c'est un signe mignon du fait que ce pays déconne un peu. J'aurais aimé parler du camion *Vanilla* décoré de petites madames avec des dollars dans les yeux. *Vanilla-AH-AH, Vanilla-AH-AH* circule le week-end entre Shibuya et Shinjuku et chante une ritournelle très courte

68. La préfecture de Gunma (群馬) se situe au nord-est de la région du Kantō.

et entraînante invitant les jeunes femmes à se faire *escort* d'appoint pour arrondir leurs fins de mois.

J'ai aussi des raisons de partir. La première : devoir me battre pour un visa, la difficulté ne m'a jamais excitée. La seconde est qu'il n'y a aucune garantie que je trouve un emploi à l'issue d'une année d'étude intensive de la langue. Fuite en avant annoncée. Il peut être courageux de partir mais en ce qui me concerne, le courage, ce serait de rentrer en France. J'aimerais juste profiter du fait que personne ne dépend de moi et que, moi-même, je ne dépends de personne. Je continue à réfléchir à ce sur quoi je suis prête à céder : l'argent, le job insatisfaisant, chronophage et propice à la dépression, le mariage blanc ou gris – s'il peut s'agir d'une option sérieuse, mon éducation et mon pragmatisme faiblard m'empêchent de l'envisager plus de quelques secondes.

Maintenant quand j'entends du Nirvana, je me dis que je me ferais bien un karaoké et à défaut de m'apporter des réponses, j'y vois la preuve que tout est à sa place.

Rhapsodie toxique pour poupées de son : splendeurs et misères du karaoké

Avant de m'expatrier, l'idée du karaoké ne m'était passée qu'une fois en tête. Sans que mes souvenirs soient très nets mais sans risquer de me tromper, je peux dire que j'étais alcoolisée. Il est probable que malgré la brume dans laquelle nous nous trouvions, mes comparses aient tenu le même raisonnement et que nos conclusions concordaient : aucun d'entre nous n'était disposé à chanter *L'Aziza* devant un parterre d'artistes contrariés dont rien ne garantissait la bienveillance. Une justesse toute relative compensée par une soif de partage. Quand la musique est bonne, ce serait nul de la garder pour soi. Problème : en sus d'un intérêt modéré pour la variété française, je chante faux. *C'est la vie qui veut ça*, et je n'ai jamais cherché à arranger les choses.

À Tokyo, c'est *différent*. Incontournable, l'activité est institutionnalisée. On paye à la demi-heure, à l'heure ou à la nuit pour prendre possession d'une pièce privative de deux ou trois mètres carrés que l'on remplit d'une poignée d'amis. Les Japonais poussent parfois la fantaisie à aller chanter en couple ou en tribu ; une dizaine de membres, tous âges confondus, pizza et ambiance Macumba des familles (tout est sous contrôle : sur le duo David Guetta/Akon, il est question d'une *sexy fitch*). Inutile de vous dire combien, en comparaison, nos repas dominicaux font de la peine.

La sélection musicale se construit en fonction de l'inspiration des présents, avec quelques incontournables (*Bohemian Rhapsody*, *Life on Mars* et *Toxic*). À titre personnel, depuis le jour où j'en ai eu marre d'être trop fébrile puis trop saoule pour me souvenir de ce que j'ai envie de chanter, le bloc-notes de mon téléphone comporte une liste pense-bête. J'autorise néanmoins mes comparses à ajouter *leurs* titres et j'évite de passer les miens dans l'ordre où je les ai notés.

Les premières fois sont difficiles. Lorsque après deux heures foutraques à essayer en vain de chanter *Spaceman* de Babylon Zoo, il faut débourser l'équivalent du cinquième de ses revenus hebdomadaires parce qu'on a mal compris le prix des boissons, on quitte l'endroit partagé entre l'excitation et l'envie de pleurer. Mais on revient, plus attentif à la tarification, et soucieux de trouver des chansons chantables.

Ainsi, pour 3 000 yens, il est possible de passer une nuit entière avec boissons et crème glacée à volonté. Alors on boit, on danse, on fume et on crie pendant une dizaine d'heures. Et l'exercice se révèle l'occasion de prises de conscience précieuses. La plus pénible est de découvrir que l'on ne connaît que le refrain de *Brass In Pocket* des Pretenders, confirmant que l'on n'a pas grand-chose en commun avec Scarlett Johansson. Pas même une perruque rose. Parce qu'une perruque payée une vingtaine d'euros et portée trois minutes – après ça démange et c'est désagréable – ça reste une mauvaise idée.

Scarlett Johansson, elle s'en fout et c'est ce qui en fait un être exceptionnel. La même soirée attestera probablement votre méconnaissance des paroles de *Joe le Taxi* – d'ailleurs incompréhensibles – l'occasion de remercier en silence vos parents pour cette faille. Entre chien et loup et à la frontière du coma éthylique se révélera enfin la part d'ombre de ceux qui vous filment chantant à tue-tête *The Perfect Drug* de Nine Inch Nails. Vidéo que, plusieurs mois plus tard, vous n'avez toujours eu pas la force de regarder.

A priori, l'expérience se veut le *summum* de la convivialité. C'est du moins ce que j'ai pensé jusqu'à ce qu'alors que nous prenions un verre, Megumi me lance : *Agathe, tu peux pas faire ça, tu peux pas voler les chansons des autres !* Regard interrogatif (yeux écarquillés et inexpressifs, sourcils relevés) lancé à l'assemblée et notamment au Français et à l'Américain également présents.

« Mais euh… j'ai pas volé les chansons des autres…

— Si, tout le temps. Tu peux pas faire ça ! »

Indifférents au drame en train de se jouer, nos deux amis laissèrent la conversation dériver sans que j'aie eu le temps de comprendre pour quoi j'étais jugée. Et puis quelques jours en arrière, j'ai compris. Pendant le cours de japonais, Noda-*sensei* évoqua l'hypothèse d'un convive ayant l'audace de chanter sur la chanson sélectionnée par un autre. Frustration et injustice. *Dame da yo! (Pas bien!!)*

Pourtant les devantures affichent les images de groupes d'amis, dents très blanches, communiant autour d'un micro. Et maintenant je réalise : cette blondeur éclatante défiant les filtres sépia, tous des *gaijin.* Du coup, certaines choses s'éclairent : pourquoi chaque fois que mes amis et moi avons demandé des micros supplémentaires, ils nous ont été refusés. Attendu que sur *Barbie Girl* d'Aqua, une grosse voix doit marmonner *Come on Barbie, let's go party!* – on ne peut pas se tromper, le texte passe en deux couleurs –, le groupe reçoit deux micros, quel que soit le nombre de convives.

Entre *gaijin,* sélectionner une chanson sur laquelle on chante seul, c'est une faute de goût. D'une part, il n'y aura personne pour couvrir votre voix qui déraille et écouter la version karaoké d'un titre qu'on ne connaît pas, c'est comme regarder les photos de vacances des autres : dispensable.

Reste la joie de chanter *Call Me Maybe* avec l'ami dont vous admiriez jusque-là la culture musicale sans faute. Ou la joie de chanter *Call Me Maybe* avec n'importe qui.

Mais parce qu'à la gueule de bois s'ajoute l'incapacité à l'exprimer autrement que par croassements douloureux, les lendemains sont moins flamboyants. On le sait et pourtant on recommence. *Show Must Go On.*

Bonus, si vous aviez accès à mon bloc-notes, vous trouveriez notamment A-Ha *Take On Me,* Carly Rae Jespen *Call Me Maybe,* Soft Cell *Tainted Love,* Kim Wilde *Kids in America,* France Gall *Poupée De Cire, Poupée De Son,* Dead or Alive *You Spin Me Round,* Frank Sinatra *Sway,* Nirvana *Heart-Shaped Box,* Billy Joel *Uptown Girl,* Britney Spears *Toxic,* The Offspring *Self Esteem,* Johnny Cash *Ring Of Fire,* Kylie Minogue *In My Arms,* INXS *I Need You Tonight,* The Smiths *How Soon Is Now,* The Spice Girls *Wannabe,* Blondie *Call Me,* Justin Timberlake *What Comes Around Goes Around,* Ace of Base *All That She Wants,* David Bowie *Life On Mars,* Blur *Boys And Girls,* David Guetta *Sexy Bitch,* Harry Belafonte *Jump In The Line,* Aqua *Barbie Girl,* Crazy Town *Butterfly,*

Tom Jones *What's New Pussy Cat,* Joy Division *Love Will Tear Us Apart,* Nickelback *How You Remind Me,* Queen *Bohemian Rhapsody,* Pixies *Debaser,* Lana Del Rey *Video Games,* Depeche mode *Your Own Personal Jesus,* The Smiths *There Is A Light That Never Goes Out,* Goo Goo Dolls *Iris,* New Order *Blue Monday,* Garbage *Only Happy When It Rains,* Blondie *One Way or Another* et Gala *Freed from Desire.*

Épilogue

Juin 2015, quelque part en France

Avant d'aller plus loin, une mise au point s'impose : pour avoir montré une photo à un Nippon, le jardin zen de chez Nature & Découvertes a un potentiel comique que je n'aurais pas soupçonné. Ensuite, flirtant avec l'imagerie de carte postale, je dois tout de même constater que durant cette année prolongée à Tokyo, une foule de petites choses m'a rendue vraiment heureuse. En vrac : longer les rails de la JR sur la portion qui relie Ueno à Akihabara ; les toilettes du centre commercial 109 à Shibuya ; les interminables apéritifs dînatoires à base de bière, de poulet frit et d'*edamame* ;

être à Golden Gai dans le micro-bar où le patron coiffé d'une casquette *Wayne's World* rêve d'aller au HELLFEST et sert une bière à 666 yens que l'on boit pendant que joue *Killing in the name of* des Rage Against the Machine et qu'*Orange mécanique* passe en sourdine. Finir complètement saoule à Golden Gai ; payer mon loyer à la supérette ; payer mon loyer au distributeur automatique ; que des gamines me courent après pour me rendre la pièce de 100 yens que j'ai fait tomber ; que des gamins veuillent se prendre en photo avec moi ; que des inconnus me donnent leur parapluie ; voir ces écoliers de 80 cm, pas plus, sac à dos faisant la moitié de leur poids, rentrer seuls chez eux ; ces gens qui font la circulation en parallèle des feux tricolores ; les *salarymen* obsédés de golf qui pratiquent leur swing devant l'*izakaya* et l'été, entendre les stridulations angoissantes des grillons mutants. Je vais regretter le groupe de danseurs *rockabilly* qui se réunit tous les dimanches devant le parc de Yoyogi, de ne plus croiser des gens qui ressemblent à Barack Obama ou à Didier Bourdon, mais en asiatique, et le goût du raisin chimique.

Du point de vue de ma vie sentimentale, les Parisiens que j'ai fréquentés avant mon départ maîtrisaient un peu trop bien leurs codes et les servaient dans une chorégraphie sans surprise. Parce que ces dernières années m'ont transformée en handicapée des relations humaines, à Tokyo, les choses m'ont paru plus simples. La distance, que j'ai pu interpréter comme de la maladresse, va me manquer. Je vais regretter que l'on me quitte après un premier, voire un second rencard en me serrant la main et qu'on me demande l'autorisation de me la prendre. Je vais aussi regretter de ne plus pouvoir laisser mes affaires sur la table du café pendant que je vais acheter un truc au *konbini* et d'avoir mon sac à dos constamment ouvert avec comme seul problème le fait qu'un sac à dos éventré, ce n'est pas élégant. De ne jamais me faire emmerder par qui que ce soit, pas même par un dragueur lourdingue. De ne jamais être sur mes gardes.

Il y a aussi quelques trucs qui ne vont pas me manquer, comme de passer pour une malpropre parce que je ne me lave pas les cheveux tous les jours et d'entendre un cruel « Ah tiens, vous avez lavé vos cheveux aujourd'hui : vous faites un truc ce soir ? » Et je ne sais pas chez vous, à l'heure où vous lisez ces lignes mais à Tokyo en 2015, les tendances maquillage sont à la pommette orange dessinée juste sous le cerne.

Pas franchement *kawaii*, au mieux intrigant, le plus souvent moche, simplement moche. Ça non plus, ça ne va pas me manquer.

Turning Japanese, I think I'm turning Japanese, I really think so…

À l'origine, l'expression *Oyaji* est celle employée par un fils pour appeler son père. Maintenant, ça désigne l'adulte mâle par défaut, c'est ce que m'explique Fumiyo (celle qui sait ce qui se passe dans ma vie sentimentale rien qu'en regardant l'état de ma chevelure) lorsque j'évoquais mon addiction à l'association bière-*edamame*. Pour cette raison, elle me l'affirme, j'en suis un. Et je préfère ça au qualificatif de *make-inu* ; même si les Japonais avec qui j'en ai discuté ont tous tenté de me faire comprendre que bien que j'affectionne l'expression, plus personne ne dit ça. Il faut accepter le fait que le Japon évolue. Aussi séduisants soient-ils, colporter des clichés ne servira pas à la compréhension du pays. Cher lecteur, je sais que tu es un être évolué et que les poncifs-légendes urbaines qui te feraient pousser des *Oooooh* d'indignation ne t'intéressent pas. Alors faisons ce deuil ensemble : l'expression *make-inu* est aussi *has been* que l'expression *has been* elle-même.

J'ai réalisé que je n'aurai un niveau de japonais correct que lorsque les natifs cesseront de s'exclamer *jōzu ! – han, vous êtes douée !* – à la moindre de mes interventions (le temps de me laisser placer un adjectif mal prononcé). En attendant, j'ai intégré quelques formules qui permettent de faire illusion. Je dis *suimasen* au lieu de *sumimasen* parce que prononcé trop correctement, ce n'est pas naturel. Et, quelle qu'en soit la teneur, je ponctue les propos de mes interlocuteurs d'un *sō-sō-sō-sō-sō* ou d'un *na-ru-ho-do*, équivalents d'un *ah ouais, ouais, ouais* et d'un *je vois trop c'que tu veux dire.* Je ne sais pas pourquoi mais mon *naruhodo* semble enjoué et mon *sō-sō-sō-sō-sō* concerné, j'en parlerai à mon linguiste. Le fait est que j'ai l'illusion de faire illusion et que, l'espace d'un instant, je pense mériter mon *jōzu.*

Il y a des choses dont je suis fière : j'ai fini par savoir utiliser les toilettes à-la-turque-à-la-japonaise et à ne plus éclabousser mes chaussures. Fin mars, je me sentais suffisamment chez moi pour passer le nez plongé dans mon téléphone, indifférente au spectacle des cerisiers en fleurs qui bordent le très touristique Sensō-ji, alors que les foules mitraillaient l'espace avec application. Je me suis sentie snob et locale à la fois.

J'étais heureuse. Et il y a des choses dont je suis un peu moins fière : la seule exposition que j'ai vue traitait du caca, je ne comprends toujours pas les émissions pour enfants et quand j'étais seule je mangeais les *edamame* en entier (cosse comprise), bravant la crise d'appendicite qui, si elle était venue, m'aurait obligée à rentrer en France en urgence (parce qu'au même moment je n'avais plus d'assurance santé).

Aujourd'hui, j'envisage mon retour au Japon. Je garde à l'esprit qu'en tant qu'étrangère, je ne serai jamais vraiment intégrée. Et ça tombe bien, je ne tiens pas à l'être. Je suis tombée amoureuse d'un pays parfois déroutant, au sein duquel il ne me sera possible de m'épanouir qu'en me tenant à la marge. L'impératif de parfaitement se conformer à la norme ne me serait pas supportable. Et parce que la distance est nécessaire à mon équilibre, j'y suis à ma place. Tokyo a encore des choses à m'apprendre.

Lexique

100-yen shop
(百円ショップ, *hyaku-en shoppu*), le 100-yen shop est un magasin dont les produits sont vendus au prix unique de 100 yens.

Akihabara
Mecque de l'*otaku*, Akihabara (秋葉原) est un quartier du nord de Tokyo situé à cheval sur les arrondissements de Chiyoda et de Taitō.

Akisame
(秋雨), pluie d'automne.
Voir Tsuyu

Anime

L'*anime* (de l'anglais *animation*, devenu *animēshon*, アニメーション) est le nom désignant les dessins animés nippons.

Anko

L'*anko* (餡子) est une pâte de haricot rouge sucrée, elle remplace le chocolat dans à peu près n'importe quelle confiserie traditionnelle (和菓子, *wagashi*).

Burakumin

Burakumin (部落民, *personne de la communauté*) désigne au Japon un groupe social minoritaire et discriminé.

Chan

Suffixe affectueux accolé au nom d'une personne.

Chu-Hi

Le *Chu-Hi* ou *chūhai* (チューハイ) est une boisson alcoolisée très populaire à base de soda et de *shōchū* (焼酎).

Cool Biz

Le *Cool Biz* (クール・ビズ, *kurubizu*) est une mesure gouvernementale incitant les *salarymen* à se vêtir de manière plus informelle durant l'été afin de limiter le recours à l'air conditionné, réduisant ainsi la consommation énergétique des entreprises.

Daikon
(大根) nom japonais du radis blanc.

Dame
(駄目 en kanji, だめ en hiragana), *c'est interdit !* ou *c'est mal !*

Depāto
Depāto (デパート, de l'anglais *department store*), est le terme japonais désignant les grands magasins.

Dogenzaka
(道玄坂), colline des love hotels dans le quartier de Shibuya.

Engawa
L'*engawa* (えんがわ) est le sushi tiré des côtés du flet. Sa chair est blanche, sa texture fondante et son goût rappelle celui de l'huile de foie de morue.

Fugu
Le *fugu* (河豚), aussi appelé poisson-globe est considéré comme un mets extrêmement délicat qui, mal préparé, peut être mortel.

Fukubukuro

Le *fukubukuro* (福袋, ふくぶくろ, *sac de la chance*) est une pochette-surprise contenant plusieurs articles vendus à un prix inférieur à leur valeur réelle durant les soldes de janvier au Japon.

Gaijin

Abréviation de *gaikokujin* (外国人, *personne d'un pays extérieur*), *gaijin* (外人) désigne au Japon l'individu étranger.

Game center

Le *game center* (ゲームセンター, *gēmu sentā*) que l'on reconnaît à sa façade très colorée et à son enseigne (à Tokyo, les Sega Center et Taito se partagent le gros du marché) est un immeuble consacré au divertissement. On y trouve entre autres et selon les étages des machines à pince (*UFO catchers*), des jeux vidéo, des cabines photo *purikura*, des jeux d'argent, etc.

Ganbarimasu

Ganbarimasu (頑張ります en kanji, がんばります en hiragana), « Je fais/vais faire de mon mieux! », *Ganbatte kudasai* (頑張ってください, がんばってください), « Faites de votre mieux, s'il vous plaît. »

Ganbatte kudasai
Voir Ganbarimasu.

Garakei
(ガラケー, *garakei*), est un mot-valise formé sur les termes *Galápagos* et *keita* (携帯, *portable*). Il évoque le développement d'une offre de téléphonie mobile spécifique du territoire japonais, en référence au développement d'une faune et d'une flore spécifique sur les îles Galápagos.

Gashapon
Le *gashapon* (ガシャポン) désigne à la fois la machine à pièces et les jouets qu'elle distribue.

Gochisō sama deshita
Gochisō sama deshita (ご馳走さまでした en kanji, ごちそうさまでした en hiragana), « C'était un délice! ». Formule de politesse adressée à son hôte pour le remercier du repas.

Golden Gai
Institution de la nuit tokyoïte et ville fantôme en journée, *Golden Gai* (ゴールデン街) est un enchevêtrement de quelques rues étroites au cœur du quartier de Shinjuku.

Hai
(はい en hiragana), *oui. Non* se dit *iie* (いいえ, en hiragana).

Hanabi
Le *hanabi* (花火 en kanji, はなび en hiragana, littéralement *fleur de feu*) est une tradition japonaise consistant à aller admirer les feux d'artifice.

Hentai
Hentai (変態 en kanji, へんたい en hiragana) signifie, entre autres, *perversion* et désigne, entre autres, les mangas et *anime* à caractère pornographique.

Hiragana
Voir Kana

Honne
L'*honne* (本音) représente les vrais sentiments de la personne en opposition au *tatemae* (建前) qui représente la façade, les apparences que cette dernière se doit de maintenir en société.

Ii ne!
Ii ne! (良いね ! en kanji, いいね ! en katakana) se traduirait par un : « Cool, hein ? » *Ii,*

ne! c'est aussi le *J'aime* dans la version japonaise de Facebook.

Ikebana

L'*ikebana* (生け花) consisterait, en français, à *faire vivre les fleurs*. Plus prosaïquement, il s'agit de l'art de la composition florale.

Irasshaimase

いらっしゃいませ en VO, *bienvenue* en VF.

Itterashai

いってらっしゃい donnerait en français quelque chose comme *Pars et reviens (vite)*!

Izakaya

L'*izakaya* (居酒屋) est l'équivalent local du bistrot.

Jidōhanbiki

Jidōhanbiki (自動販売機) est le nom japonais des distributeurs automatiques.

Jinrikisha

(人力車, littéralement *véhicule à force humaine*) est le terme japonais désignant les pousse-pousse.

Jōzu
(上手), adjectif signifiant *doué*.

Kaitenzushi
Le *kaitenzushi* (回転寿司, *sushi tournant*) est un type de restaurant apparenté au fast-food qui dispose ses sushis sur un tapis roulant.

Kana
Les kanas rassemblent les hiraganas et les katakanas qui constituent les deux syllabaires japonais. Les premiers sont utilisés pour transcrire les mots et morphèmes auxquels ne correspond aucun kanji (les idéogrammes empruntés à la langue chinoise), tandis que les seconds servent à retranscrire les noms d'origine étrangère et les onomatopées.
Voir aussi Rōmaji

Karaage
Le *karaage* (から揚げ) est un mode de friture à base de sauce soja, d'ail et de gingembre.
Voir aussi Tempura

Katakana
Voir Kana

Kawaii

(可愛い en kanji ou かわいい en katakana), adjectif signifiant *mignon* et employé à tort et à travers entre filles *kawaii.*

Kogaru

Avec sa chevelure blonde ondulée et ses robes volantées, la *kogaru* (コギャル) est l'un des personnages clefs du quartier de Shibuya.

Konbanwa

Voir Ohayō

Konbini

Le *konbini* (コンビニ, abréviation de l'anglais *convenience store*) est l'épicerie de quartier améliorée.

Konnichiwa

Voir Ohayō

Kurisumasukēki

(クリスマスケーキ, *Christmas cake*, en français *gâteau de Noël).* Charmante expression qualifiant la femme de vingt-cinq ans passés qui, comme la bûche de Noël un 26 décembre, a perdu tout son intérêt.

Voir aussi Make-inu

Kuukiwoyomu

Le terme *kuukiwoyomu* (空気を読む) désigne la capacité à lire l'atmosphère et à agir en fonction.

Make-inu

(負け犬 en kanji, まけいぬ en hiragana), l'expression, péjorative, désigne une femme dans la trentaine, célibataire et sans enfant.

Voir aussi Kurisumasukēki

Manjū

Les *manjū* (饅頭) sont de petits gâteaux cuits à la vapeur et fourrés à l'*anko*.

Matcha

Le thé vert matcha (抹茶) se présente sous la forme d'une poudre très fine vert pomme. Notamment utilisé lors de la cérémonie de thé, il parfume de nombreuses confiseries traditionnelles.

Mecha

Sous-genre de la science-fiction, la *mecha* a comme particularité de mettre en scène des robots humanoïdes dont l'activité principale est, la plupart du temps, de combattre d'autres robots humanoïdes.

Mochi

Le *mochi* (もち en hiragana) est une préparation molle à base de riz gluant.

Mushiatsui

Le double adjectif *mushiatsui* (蒸し暑い, chaud et humide) qualifie la chaleur moite qui s'abat sur le Japon durant la saison estivale.

Naruhodo

なるほど, « je vois ! »

Nashi

Le nashi (梨) est un fruit japonais dont l'apparence la rapprocherait d'une pomme surdimensionnée et le goût et la texture, d'une poire.

Nattō

Préparation à base de soja fermenté gluante, filante et odorante, le *nattō* (納豆) est un incontournable de la gastronomie nipponne.

Nikujaga

(肉じゃが en kanji), plat mijoté traditionnel à base de viande, pomme de terre, oignon et d'un bouillon de sauce de soja sucrée.

Nomikai

Le terme *nomikai* (飲み会, grossièrement : réunion pour boire) désigne les beuveries entre collègues.

Odaijini

(お大事に) expression que l'on traduirait par un « Prenez soin de vous ».

Oden

Essentiellement à base de produits de la mer, l'*oden* (おでん) est une soupe hivernale traditionnelle.

Office lady

Voir Salaryman

Ohayō

Ohayō, おはよう, *bonjour* (salutation matinale informelle).

Ohayō gozaimasu, おはようございます, *bonjour* (salutation matinale formelle).

Konbanwa, こんにちは, *bonsoir.*

Okonomiyaki

L'*okonomiyaki* (お好み焼き) est une préparation qui se situe entre l'omelette et la galette et dans laquelle on mélange, à son goût, différents ingrédients.

Omatase shimashita
お待たせしました, « merci d'avoir attendu ».

Omikuji
(御御籤 en kanji, おみくじ en hiragana, littéralement *loterie sacrée*), divination que l'on tire au sort dans les temples et sanctuaires religieux.

Onigiri
À base de riz fourré, l'*onigiri* (おにぎり) est l'un des en-cas les plus populaires au Japon.

Onsen
L'*onsen* (温泉, *source chaude*) est l'équivalent japonais des thermes.

Otaku
L'*otaku* (お宅 en kanji, おたく en hiragana) a pour particularité de consacrer son énergie à une passion déroutante (souvent virtuelle et affublée de micro-vêtements).

Oyaji
(親父 en kanji, おやじ en hiragana) se traduira par *vieil homme*.

Pachinko

Colorées, clignotantes, ces machines à sous qui ne disent pas leur nom font du pachinko (パチンコ en katakana) une institution diabolique.

Purikura

Voir Game center

Rajio taisō

La *rajio taisō* (ラジオ体操 en kanji, らじおたいそう en hiragana, *exercice radio* en français) est une séquence de gymnastique rythmique diffusée quotidiennement sur la radio et la télévision NHK.

Rei

Le *rei* (礼) désigne l'ensemble des codes de bienséance permettant de maintenir l'ordre et une hiérarchie sociale.

Rōmaji

Le terme *rōmaji* (ローマ字) désigne les caractères de l'alphabet latin lorsqu'ils sont utilisés dans le cadre du système d'écriture nippon. Voir aussi Hiragana

Roppongi

Très prisé des noctambules et notamment des *gaijin*, Roppongi (六本木) est un quartier de l'arrondissement de Minato.

Sabishii

(寂しい) adjectif signifiant *solitaire, isolé.*

Salaryman

Cadres non dirigeants ou simples employés de bureau, le *salaryman* (サラリーマン, *sararīman*) et son pendant féminin, l'*office lady* (souvent abrégé en オーエル, ōeru) représentent le gros de la masse salariale japonaise.

San

Suffixe respectueux accolé au nom d'une personne.

Voir aussi Sensei

Sanshin

(三線, *trois cordes*), instrument à trois cordes originaire d'Okinawa.

Sensei

Le terme *sensei* (先生 en kanji, せんせい en hiragana, *celui qui a vécu avant*) désigne le professeur, le maître. Il s'agit également d'un suffixe que l'on ajoute au nom pour qualifier la personne.

Voir aussi Chan, San

Seppuku

Le *seppuku* (切腹, littéralement *coupure du ventre*) est une forme de suicide rituel, populaire parmi les samouraïs (et interdit en 1868) consistant à s'ouvrir l'abdomen en gage de repentance.

Shinjuku

Shinjuku (新宿区) est l'un des 23 arrondissements de Tokyo.

Soba

Le terme *soba* (蕎麦 en kanji, そば en hiragana) désigne les très populaires pâtes de sarrasin.

Voir aussi Udon

Sugoi

(凄い en kanji, すごい en hiragana) adjectif signifiant *super!*

Sumimasen

すみません, *pardon.*

Tatemae

Voir Honne

Tempura

Avec le *karaage*, le *tempura* (天ぷら) est un type de friture très populaire.

Voir aussi Karaage

Tsuyu

Tsuyu (梅雨, *pluie de prunes*) désigne la saison des pluies estivales. Son pendant automnal est l'*akisame* (秋雨, *pluie d'automne*).

Udon

L'udon (うどん) est un type de pâte de blé épaisse. Avec les ramen et les soba, l'*udon* fait partie des types de pâtes les plus consommés au Japon.

Voir aussi Soba

Ueno

Jouxtant Akihabara et Asakusa, Ueno (上野) est un quartier situé au nord-est de Tokyo dans l'arrondissement de Taitō.

Umeboshi

(梅干, *prune sèche*). Condiment très acide et salé que l'on retrouve un peu partout dans la gastronomie japonaise.

Remerciements

Pour Raphaële, Olympe, Léonard et Zélie.

Merci à mes élèves (mention spéciale pour Natsumi, Kōji et Itaru), merci à mes relecteurs (Charline, Christelle, Émeline, Jihane, David, Francesc, Julien), merci à ceux qui m'ont encouragée, merci à Noda-*sensei* et à Ozaki-*sensei*, merci à la caissière du Seiyu, merci aux toilettes japonaises.

Au diable vauvert

Littérature française
Extrait du catalogue

SÉBASTIEN AYREAULT
Loin du monde, roman
Sous les toits, roman
TRISTANE BANON
Le Bal des hypocrites, récit
JULIEN BLANC-GRAS
Gringoland, roman
Comment devenir un dieu vivant, roman
Touriste, roman
Paradis (avant liquidation), récit
In utero, roman
SIMON CASAS
Taches d'encre et de sang, récit
La Corrida parfaite, récit
OLIVIER DECK
Adieu, torero, récit
WENDY DELORME
Insurrections ! En territoire sexuel, récit
La Mère, la Sainte et la Putain, roman
JEAN-PAUL DIDIERLAURENT
Le Liseur du 6h27, roman
Macadam, nouvelles
YOUSSOUF AMINE ELALAMY
Les Clandestins, roman, Prix Atlas
THOMAS GUNZIG
Mort d'un parfait bilingue, roman

Le Plus Petit Zoo du monde, nouvelles
Kuru, roman
Assortiment pour une vie meilleure, nouvelles
Manuel de survie à l'usage des incapables, roman
Et avec sa queue, il frappe ! théâtre
Borgia, comédie contemporaine, théâtre

NORA HAMDI
Des poupées et des anges, roman
Plaqué or, roman

GRÉGOIRE HERVIER
Scream Test, roman
Zen City, roman

ALEX D. JESTAIRE
Tourville, roman

AÏSSA LACHEB
Plaidoyer pour les justes, roman
L'Éclatement, roman
Le Roman du souterrain, roman
Dans la vie, roman
Scènes de la vie carcérale, récit
Dieu en soit garde, roman

LOUIS LANHER
Microclimat, roman
Un pur roman, roman
Ma vie avec Louis Lanher, nouvelles
Trois jours à tuer, roman
Les féministes n'auront pas l'Alsace et la Lorraine, récit

TITIOU LECOQ
Les Morues, roman
La Théorie de la tartine, roman

ANTOINE MARTIN

La Cape de Mandrake, nouvelles

Le Chauffe-eau, épopée

Juin de culasse, odyssée

Conquistadores, sitcom

Produits carnés, nouvelles

ROMAIN MONNERY

Libre, seul et assoupi, roman

Le Saut du requin, roman

Un jeune homme superflu, roman

XAVIER DE MOULINS

Un coup à prendre, roman

Ce parfait ciel bleu, roman

AGATHE PARMENTIER

Pourquoi Tokyo ?, récit

NICOLAS REY

Treize minutes, roman

Mémoire courte, roman

Un début prometteur, roman

Courir à trente ans, roman

Un léger passage à vide, roman

L'amour est déclaré, roman

La Beauté du geste, chroniques

La Femme de Rio, scénario

Les enfants qui mentent n'iront pas au paradis, roman

CÉLINE ROBINET

Vous avez le droit d'être de mauvaise humeur…, nouvelles

Faut-il croire les mimes sur parole ?, nouvelles

RÉGIS DE SÁ MOREIRA

Pas de temps à perdre, roman

Zéro tués, roman
Le Libraire, roman
Mari et femme, roman
La vie, roman
CORALIE TRINH THI
Betty Monde, roman
La Voie Humide, autobiographie
CÉCILE VARGAFTIG
Fantômette se pacse, roman
Les Nouveaux Nouveaux Mystères de Paris, roman
STANISLAS WAILS
Deux, roman

Composition :
L'atelier des glyphes

Achevé d'imprimer par L.E.G.O. S.p.A. en Italie
en janvier 2016